折り紙も工作も！

作るのが楽しくなる

クラフト BOOK

いしかわ☆まりこ

JN080673

もくじ

この本の作品には  マークがそれぞれについているよ

たん生日のクラフト

春のクラフト

この本でつかう ざいりょう をしょうかいするよ

紙るい
折り紙、切り紙、工作でつかう。いろんな紙があるので、すきなものをつかってね。

15 × 15 センチ、7.5 × 7.5 センチをつかいます。

折り紙
いろんなサイズやもようがあるので、作ひんによってつかい分けて！

りょうめん折り紙

あつ紙

画用紙
色画用紙

おうちにあるもの
おもに工作でつかう。100 円ショップなどでも手に入る。

紙ざら

紙コップ

スポンジ

毛糸

ストロー

わりばし

わゴム

たこ糸（調理用糸）

ふうとう

アルミホイル

クッキングシート

ティッシュペーパー

リサイクルひん

工作でよくつかうもの。★マークのものは、よくあらってかわかしてからつかってね。

**ペットボトルの
ふた★**

**トイレット
ペーパーの
しん**

空きビン★　**空きようき**

牛にゅうパック★

食ひんトレー★

空きばこ

かざり

かわいらしくし上げるのにつかうよ。

うごく目　**リボン**　**貝がら**　**ラメなど**　**かざりテープ**

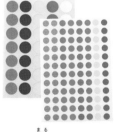   

丸シール　**シール**　**モール**　**デコレーション
ボール**

そのた

工作でつかうよ。

ピンポン玉　**荷作りテープ
（ひらまき）**　**カチューシャ**　**せんたく
のり**

この本でつかう 道具 をしょうかいするよ
（用いするもの）

切る道具 　折り紙や画用紙などを切るときにつかうよ。つかい方は 12 ～ 14 ページ。

はさみ

子ども用など自分が
つかいやすい
はさみをつかおう。
細かいところを
切るために、
先が細いはさみがあると
べんりだよ。

カッターナイフ　カッターマット

かく道具 　顔やもようをかくときにつかうよ。

水せい顔りょうマーカー

水せいペン

ゆせいペン

用途に合わせて
つかい分けよう。
牛にゅうパックや
食ひんトレー、
ひょうめんが
つるつるしているものには
ゆせいペンをつかおう。

**色えんぴつ
（クレヨン）**

えんぴつ

HB、B、2B など
つかいやすい
えんぴつで OK ！
かた紙をうつすときに
つかう。

けしゴム

じょうぎ

はる道具

はりつけるものによってつかい分けよう。
作り方では、    などイラストであらわしているよ。

セロハンテープ　のり　せっちゃくざい　りょうめんテープ

セロハンテープ

のり

せっちゃくざい

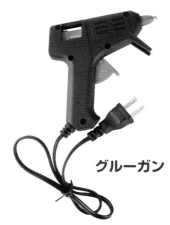
グルーガン

マスキングテープ

ビニールテープ

りょうめんテープ

そのたの道具

ほかにつかうものだよ

竹ぐし　めんぼう

のりを手をよごさずにぬったり、
はみ出たところをぬぐったり、
はがれてきたところにのりをつけて
さしこんでつかう。

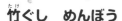
目うち

ホチキス

あなあけパンチ

せんめんき

折り方きごう

この本でつかう折り方のマークだよ。
おぼえておいてね。

◆ 谷折り
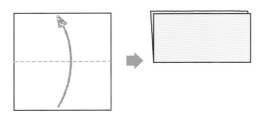
折りせんが内がわになるように折る。

◆ 山折り
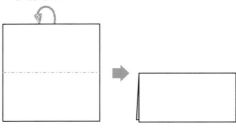
折りせんが外がわになるように折る。

◆ 折りすじをつける
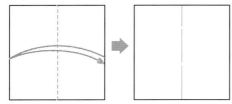
一度折りせんで折ってからもどす。

◆ 同じはばに折る
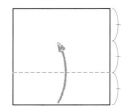
同じ長さをあらわし、その長さで折る。

◆ だん折り
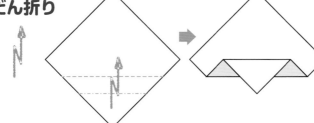
谷折り、山折りをくりかえして、だんだんになるように折る。

◆ ひらいてつぶす
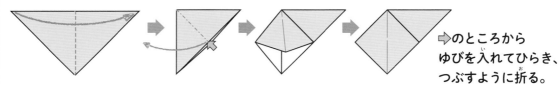
のところからゆびを入れてひらき、つぶすように折る。

◆ 中わり折り

 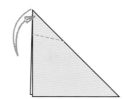

① 折りせんで
折りすじをつける。

② 2まいの間をひらき、折りすじで内がわに
折ったあと、またとじる。

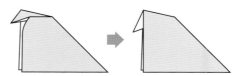

◆ 外わり折り

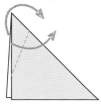 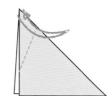

① 折りせんで
折りすじをつける。

② 2まいをひらき、うらがえすように
しながら折りすじで折る。

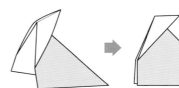 

◆ うらがえす

おもてからうらにする

◆ むきをかえる

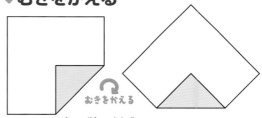

折り紙の角度をかえる

き本の三角折り

アイロンを
イメージして折ると
いいよ！

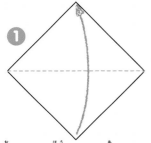

① 折りたい方こうに合わせて
テーブルにおく。
三角のときはこのむきにおく。

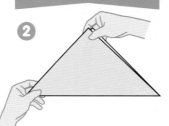

② 角と角を合わせる。
角やはしをきちんと
合わせるのがポイント！

③ かた方の手で
しっかりおさえながら、
もうかた方の手（きき手）で
折り目をつける。

9

切り紙でつかう折り方

白いめんが外がわになるように折ろう。
かた紙がうつしやすく、
仕上がりもきれいだよ。

◆ 2つ折り

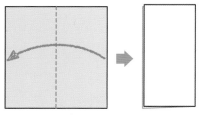

① 半分に折る。

切ってから2つ折りにする作ひんもあるよ

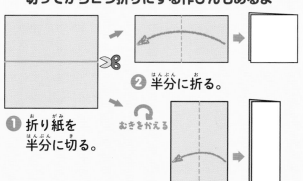

① 折り紙を
半分に切る。

② 半分に折る。

むきをかえる

◆ 8つ折り

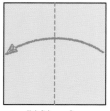

① 半分に折る。

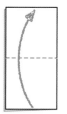

② さらに
半分に折る。

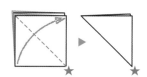

③ 三角に半分に折る。
★のいちがずれない
ように折る。

かた紙を
コピーできないときの
おすすめのうつし方

8つ折り、10折り、12折り
の場合は、折った折り紙の一
番上にしるしをつけてから、
ぜんぶ広げて、しるしのある
ところに、かた紙をかさねて
うつすといいよ！

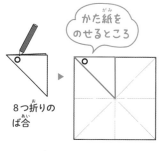

かた紙を
のせるところ

8つ折りの
ば合

＊ 10折りは59ページ、12折り
は93ページで折り方をしょうか
いするよ。

◆ じゃばら折り

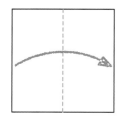

① 半分に折る。

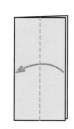

② 手前の1まいを
半分に折る。

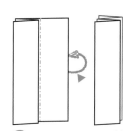

③ もう1まいは後ろ
に半分に折る。

かた紙のうつし方

かた紙からずれないように、しっかりとかさねてうつそうね。2つ折りのときにべんりなうつし方だよ。

A うすい紙をかさねる

うすい色の折り紙だと直せつうつせるよ。半分に折って広げ、かた紙の上にのせて、ずれないようにしながら、えんぴつでなぞる。トレーシングペーパーもおすすめ。

B コピーしてホチキスでとめる

外わく

折ったところ

かた紙をコピーして、外わくで切る。折り紙の折ったところと合わせてかさねる。作ひんとかさならないところを2、3かしょホチキスでとめる。

A・Bのほかにも、かた紙を見ながらフリーハンドでうつしてもOK!

かた紙の切り方

はさみは12、13ページを見てからつかってね。

1

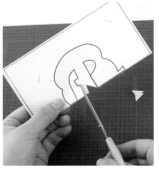

まずは、細かいところや切りぬくところなどを切る。

2

つぎに、りんかくにそって切る。紙の方をうごかしながら切ろう。

3

細かいところがやぶれないようにていねいに広げて、できあがり。

細かいところを切るときは

細かくて切りづらいときは、カッター（14ページ）で少しずつ切ろう。カッターのときも紙をうごかしながら切ってね。

はさみについて

はさみのつかい方をしょうかいするよ。
子ども用や自分のつかいやすいはさみをつかってね。
なれるまでは大人といっしょに作業しよう。

はさみのめいしょう

刃先
刃
刃の
ねもと
ゆびあな

おすすめのもち方

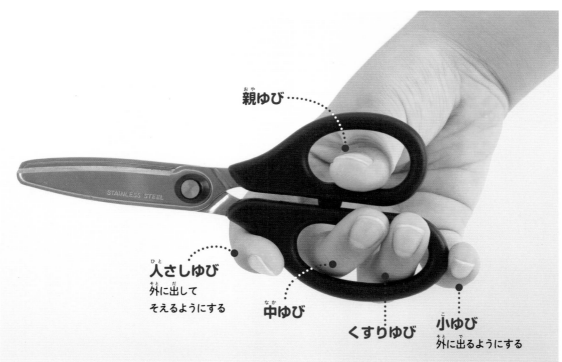

親ゆび

人さしゆび
外に出して
そえるようにする

中ゆび

くすりゆび

小ゆび
外に出るようにする

上のゆびあなに親ゆび、下のゆびあなに中ゆびとくすりゆびを入れる。人さしゆびは下のゆびあなの前にひっかけるようにし、小ゆびは、後ろがわにそえる。テーブルにたいして、まっすぐになるようにもちます。きちんといすにすわって、体のまん中でもち、わきをしめる。人さしゆびを外にそえるとあんていして切りやすいよ。

切るときのおやくそく！

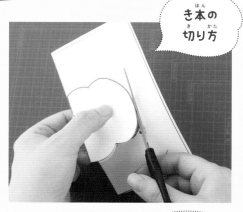

き本の
切り方

細かいところは
刃先で
切るといいよ

◆ はさみと紙がすい直になるようにもつ。

◆ すわってつかう。

◆ かためやあつみがある紙の場合には、
刃のねもとで切ると力が入れやすい。

◆ 紙をもつゆびを切らないように
気をつけてもとう。

◆ 紙の方をうごかしながら切ろう。

◆ 刃先は、ぜったいに人にむけない。

◆ つかいおわるたびに、刃をとじる。

しまい方

キャップつきのものは、かならずキャップに入れて
しまおう。ないものは、きまった場所にしまおう。

わたし方

わたすときは、とじた刃をおおうようにもち、ゆび
あなの方を相手にむけてわたそう。

左きき用のはさみ

左手で切るときに切りやすい刃の合わせ方
になっているよ。右きき用をつかうと切りづ
らかったり、きれいに切れないことも。左き
きの子は、左きき用をつかうのがおすすめ！

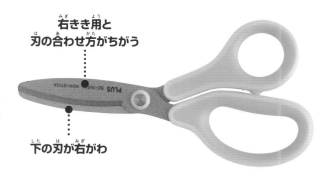

右きき用と
刃の合わせ方がちがう

下の刃が右がわ

カッターナイフについて

細かいところは、カッターナイフをつかうとべんりだよ。
つかうときは、かならず大人といっしょにするか、大人にやってもらってね。

カッターナイフのめいしょう

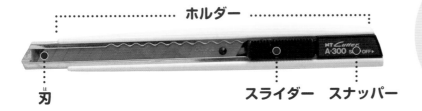

ホルダー

刃

スライダー　スナッパー

左きき用

はさみと同じように、カッターナイフにも左きき用があるよ。左ききの人はあんぜんめんからも、左きき用がおすすめ！

き本のもち方

「えんぴつもち」
えんぴつをもつようにしてつかう。

このすじで
折れる

このくらい出ていればOK！

しまい方・わたし方

〈しまい方〉

つかいおわったら、刃をきちんとしまおう。わたすときは、はさみと同じように刃が出る方をもってわたす。

切るときのおやくそく！

◆ カッターマットの上に、切りたいものをおき、はんたいの手でしっかりおさえる。

◆ 刃の先に手をおかない。

◆ 刃はほんの少し出す。長く出しすぎるとあぶない。

◆ テーブルにたいしてすい直になるようにまっすぐもち、力を入れすぎないようにして切る。

◆ 切れあじがわるくなったら、刃を折るときれいに切れる。ペンチで折るか、大人にやってもらおう。

◆ 切った刃はかならずすぐに大人にすててもらおう。

たん生日の クラフト

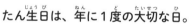

たん生日は、年に1度の大切な日。
手作りのクラフトを作って、みんなでおいわいしよう！
牛にゅうパックケーキや切り紙のガーランドがあれば、
いつもより気分がもり上がるよ。

ケーキ＆汽車の
ポップアップカード

お友だちや家ぞくのたん生日におくりたいポップアップカード。しか
けのあるカードにきっとよろこんでくれるはず！

(作り方) 24、25ページ

汽車のポップアップカード

 ## 牛にゅうパック
ケーキ

たん生日にかかせないケーキは、牛
にゅうパックで作れるよ。おいしそう
なショートケーキやチョコレートケー
キ！　思わず食べてしまいそう。

(作り方) 22、23ページ

四角ケーキ

丸ケーキ

三角ケーキ

ケーキの
ポップアップカード

何度でも
クラッカー

クラッカーが何度でもつかえたら楽しいよ
ね。そのゆめをかなえてくれるクラッカーで
あそぼう！　音だけでもつかえるよ！

作り方 26ページ

17

フラッグガーランド

三角のフラッグガーランドを作れば、かべがあっという間に
はなやかにへんしん！ すきな色でカラフルにくみ合わせて。

作り方 98ページ

クローバー

ハート

星

ダイヤ

 # 切り紙ガーランド

いろいろ自由に切ってみよう。どんなもようができてもつ
なげたらかわいい！ 広げるときもワクワクするよ。

かた紙 97ページ

きつね

あひる

ねこ

うさぎ

 アニマルふうとう

ふうとうに折った折り紙に、耳や口をつければ、
いろんなどうぶつにへんしん！
毛糸(けいと)をはさめば、ガーランドになるよ。

作(つく)り方(かた) **27 ページ**

ハートいろいろ

女の子が大すきなハート。ぷくっとしたハート
やお手紙にできるハートなど、いろんなハート
で気もちをつたえよう！

作り方 28、29ページ

ハート

立体ハート

ハートレター

折り紙ラッピング

シールなどたいらなものを
プレゼントしたいときには、
このラッピングに入れてね。
作り方 99 ページ

小さいリボンを
つけたよ

リボン

もよう入りの折り紙で作るのがおすすめ！
小さい折り紙で折ってもかわいいね。
作り方 30 ページ

テトラパック

ゆびわ

ゆびわ（小）

テトラパック

お手紙といっしょにわたすとよろこんで
もらえるギフトバッグ。あめやグミくらい
の大きさのものが入るよ。

作り方 32 ページ

ゆびわ

おしゃれなアクセサリーも手作り！
ホイルの折り紙で折れば、キラキラして
まるで本ものみたい！
小はゆびにはめられるよ。

作り方 31 ページ

牛にゅうパックのケーキ

ざいりょう
牛にゅうパック、折り紙（15 × 15 センチ）、折り紙小（7.5 × 7.5 センチ）、ティッシュペーパー、画用紙、トイレットペーパーのしん、毛糸

用いするもの
はさみ、のり、えんぴつ、せっちゃくざい、セロハンテープ、ペン、マスキングテープ

［ 土だいを作る ］

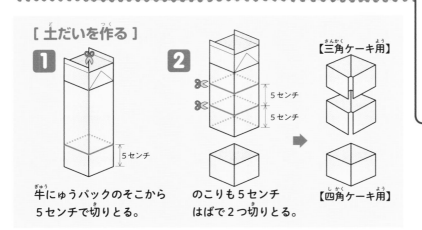

1 牛にゅうパックのそこから 5 センチで切りとる。

2 のこりも 5 センチはばで 2 つ切りとる。

【三角ケーキ用】

【四角ケーキ用】

四角ケーキ

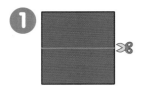

1 折り紙を半分に切る。

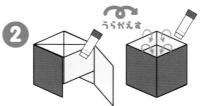

2 土台のそくめんに折り紙をはり、はみ出した分は内がわに折りこむ。

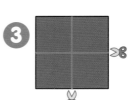

3 1/4 に切った折り紙（または折り紙小）をそこにはる。

4 はみ出たところは折る。

5 1/8 に切った折り紙 2 まいをそくめんの上にはり、同じように下にもはる。

［ フルーツ ］

6 ティッシュペーパー 2 まいがさねの 1 まいを丸め、小さな折り紙でつつむ。3 つ作る。

［ チョコ ］

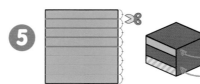

7 小さい折り紙を半分に折ってはり、1/4 に切る。

8 えんぴつにまきつけ、くるりとまいてチョコを作る。

［はっぱ］

9 97 ページのかた紙の形に切る。

せっちゃくざいではりつける。

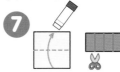

できあがり

三角ケーキ

①

7センチ　7センチ　5センチ

5センチ

三角ケーキ用の土台を
広げて、図のように切る。

②

うらの白いめん

三角にして、合わせ目を
テープでとめる。

③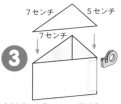

7センチ　5センチ

7センチ

三角に切った画用紙を
テープでとめる。

④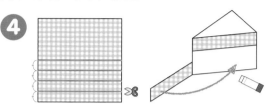

1/8に切った折り紙2まいをそくめんにはる。

⑤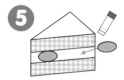

だ円に切った
折り紙をはる。

⑥ [いちご]

ティッシュペーパーを丸めて、
小さい折り紙につつみ、
ペンでたねを書く。

⑦ [クリーム]

ティッシュペーパー
2まいがさねをはがし
1まいずつ細長くまく。
3本作る。

⑧

1本

2つ

3本とも細長くねじる。
2本はさらに
ねじりながら、とぐろを
まくようにして先をとめる。

⑨

1本を
上のふちに
ぐるっとはり、
まいた2つもはる。

⑩

その上に
いちごをはる。

できあがり

ベリーケーキも
作れるよ

丸ケーキ

①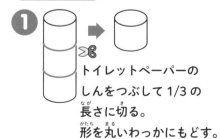

トイレットペーパーの
しんをつぶして1/3の
長さに切る。
形を丸いわっかにもどす。

②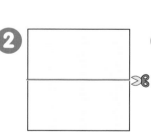

折り紙を半分に切る。

③

しんに折り紙をはりつけ、
はみ出たところは折りこむ。

④

毛糸を入れてマスキングテープをはり、
フルーツ（22ページ）をはる。

できあがり

色ちがいも
作ってみよう

23

こうさく ポップアップカード

ざいりょう

画用紙、色画用紙、折り紙(15 × 15 センチ)、汽車・ろうそく・フラッグのパーツ（折り紙・かた紙 97 ページ）、シール、丸シール、リボン

用いするもの

はさみ、のり、マスキングテープ、ペン、あなあけパンチ、りょうめんテープ

汽車

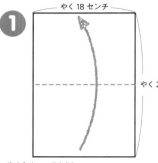

❶ 画用紙を半分に切ったものを、半分に折る。

やく 18 センチ
やく 25 センチ

❷ 切りこみを入れる。

3センチ　1センチ　4センチ
1センチ　　　　　　　　　1センチ

❸ 切りこみを折ってもどす。

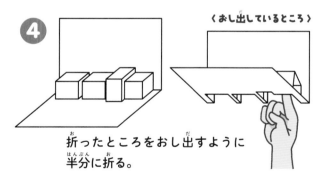

❹ 折ったところをおし出すように半分に折る。

〈 おし出しているところ 〉

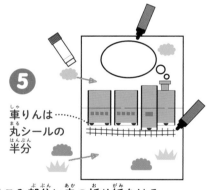

❺ 切りこみ部分に赤の折り紙をはる。パーツ（かた紙 97 ページ）をはってかざりつけする。せんろやメッセージをかく。

車りんは丸シールの半分

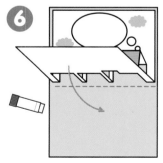

❻ ひとまわり大きく切った色画用紙（たてよこ +1 センチずつ）を半分に折り、折り目を合わせて❺をはる。

できあがり

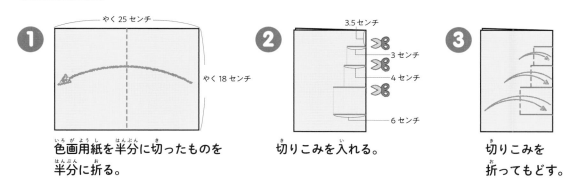

① 色画用紙を半分に切ったものを半分に折る。

やく25センチ
やく18センチ

② 切りこみを入れる。

3.5センチ
3センチ
4センチ
6センチ

③ 切りこみを折ってもどす。

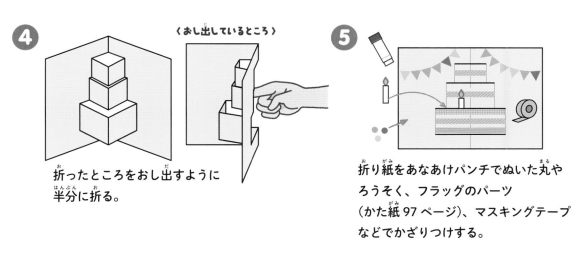

④ 折ったところをおし出すように半分に折る。

〈おし出しているところ〉

⑤ 折り紙をあなあけパンチでぬいた丸やろうそく、フラッグのパーツ（かた紙97ページ）、マスキングテープなどでかざりつけする。

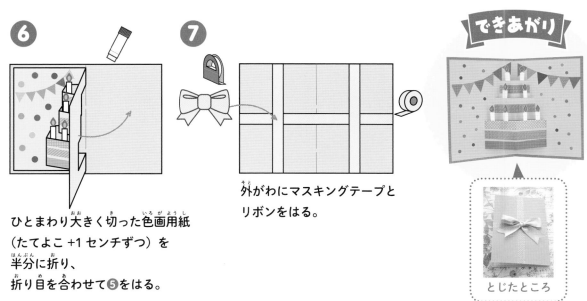

⑥ ひとまわり大きく切った色画用紙（たてよこ +1センチずつ）を半分に折り、折り目を合わせて**⑤**をはる。

⑦ 外がわにマスキングテープとリボンをはる。

できあがり

とじたところ

何度でも クラッカー

ざいりょう
トイレットペーパーのしん、折り紙（15 × 15 センチ）、折り紙小（7.5 × 7.5 セ ンチ）、わゴム、うごく目

用いするもの
はさみ、のり、セロハンテープ

❶

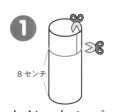

8センチ

トイレットペーパーの しんに切りこみを入れ、 図のように切る。

❷

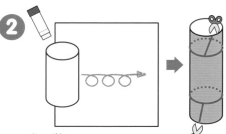

折り紙をまきつけてはり、 はみ出たところを切る。

❸

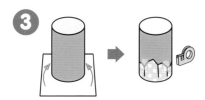

折り紙小で下のあなをふさぐ。 このとき、折り紙をきれいに ピンとはるようにして、 テープでふちをしっかりとめる。

❹

うらがえす

わゴムを切って1本にし、丸のまん中 にくるようにテープでしっかりはる。

❺

うらがえす

うごく目をはる。

❻

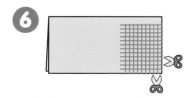

折り紙をたてよこに細かく 切って、紙ふぶきを作り、 ❺に入れる。 りょうめん折り紙がおすすめ。

できあがり

色ちがいも 作ってみよう

紙ふぶきを入れなくても 音だけであそべるよ

あそび方

わゴムをひっぱってはなすと、紙ふぶきが出てくるよ

アニマル ふうとう

ざいりょう
折り紙 1 まい（15 × 15 センチ）、顔のパーツ
（色画用紙など・かた紙 98 ページ）、丸シール

用いるもの
色えんぴつなど

①
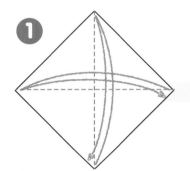
図のむきにおき、たてよこ半分に折りすじをつける。

②
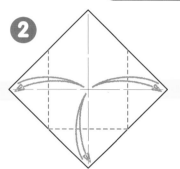
左右と下の角を中心まで折って、折りすじをつける。

③
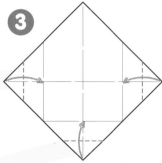
角を折りすじまで折る。

④
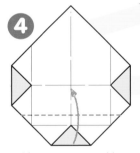
下のふちをまん中に合わせて折る。

⑤
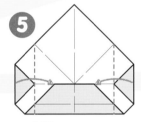
左右を②でつけた折りすじで図のように折る。

⑥
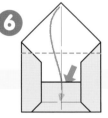
上の角を ➡ から中にさしこみながら折る。

〈折ったところ〉

ねこやあひる、うさぎも作れるよ。
ねこは⑥でさしこんだまま、
うさぎは角を少し折って
作ったよ

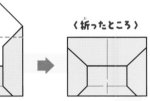

できあがり

ふうとうとして
つかえる

⑥でさしこんだところを出して
丸シールや顔のパーツ
（かた紙 98 ページ）などをつけて
顔を作れば、きつねのできあがり

ハート

ざいりょう
大きいハート：折り紙1まい（15 × 15 センチ）
小さいハート：折り紙小1まい（7.5 × 7.5 センチ）

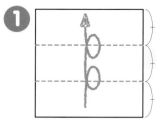

❶ 下から3とう分にして まくように折る。

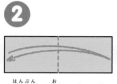

❷ 半分に折りすじを つける。

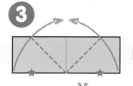

❸ ★をまん中に 合わせて折る。

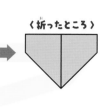

〈折ったところ〉

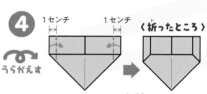

❹ 1センチ　1センチ うらがえして、左右を1センチ （小さいハートは5ミリ）折る。 〈折ったところ〉

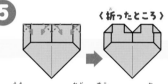

❺ 上の4つの角を少しずつ折る。 〈折ったところ〉

できあがり

立体ハート

ざいりょう
折り紙1まい（15 × 15センチ）

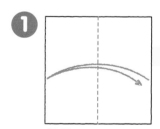

❶ 半分に 折りすじをつける。

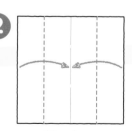

❷ まん中に合わせて 折る。

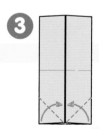

❸ 下の角をまん中に 合わせて折る。

❹ 半分に折る。

 うらがえす

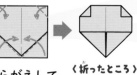

❺ うらがえして 角を折る。 〈折ったところ〉

❻ ➡のところをゆびで おしてふくらませる。

できあがり

28

🗂️ ハートレター

ざいりょう

りょうめん折り紙1まい（15 × 15 センチ）
＊普通の折り紙でも OK

①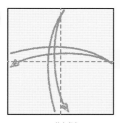

たてよこ半分に
折りすじをつける。

②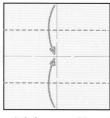

上下をまん中に
合わせて折る。

③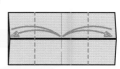

左右をまん中に合わせて
折りすじをつける。

④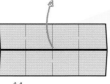

上だけひらく。

⑤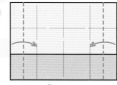

りょうはしを折りすじまで折る。

⑥

上の角をふちに
合わせて三角に折る。

⑦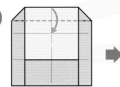

〈折ったところ〉

上のふちを折りすじまで折る。

⑧ うらがえす

うらがえして、★が
まん中で合うように三角に折る。

⑨

上の角を図の
折りせんで
後ろに折る。

⑩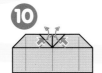

〈折ったところ〉

まん中の三角を➡からひらいて
つぶすように折る。

うらがえす

⑪

うらがえして、りょうはしを折る。

できあがり

一度ひらいて、
かくれるところにお手紙を
書いてからまた折ってね

おりがみ リボン

ざいりょう
大きいリボン：折り紙1まい（15 × 15 センチ）
小さいリボン：折り紙小1まい（7.5 × 7.5 センチ）

❶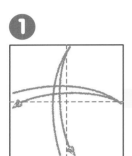
たてよこ半分に
折りすじをつける。

❷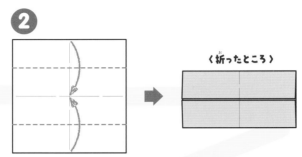
上下をまん中に
合わせて折る。

〈折ったところ〉

❸
下半分の手前の
1まいを図のように
ななめに折る。

❹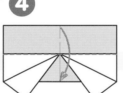
上から半分に折る。

❺
半分に折る。

❻
図の★のところ
まで折る。

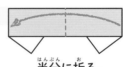

❼
もう1回
まくように
折りすじを
つける。

❽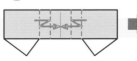
❺の形までひらき、
折りすじにそって、
まん中合わせで
だん折りする。

〈折ったところ〉

うらがえす

できあがり

左右を少しななめに
ずらして折ればできあがり

 ゆびわ

ざいりょう
大きいゆびわ：りょうめん折り紙1まい（15 × 15 センチ）
小さいゆびわ：りょうめん折り紙小1まい（7.5 × 7.5 センチ）

❶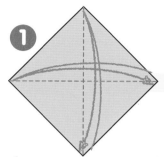
図のむきにおき、たてよこ半分に折りすじをつける。

❷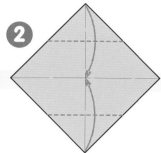
上下をまん中に合わせて折る。

❸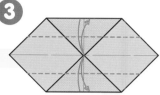
まん中に合わせて折りすじをつける。

❹
折りすじまで折る。

❺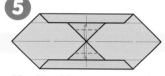
角を少し中にさしこんで折る。

❻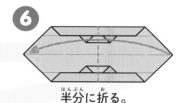
半分に折る。

❼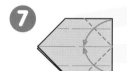
角をまん中に合わせて折る。

❽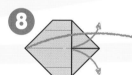
❻の形までもどす。

❾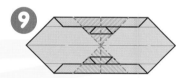
折りすじにそって、中心が頂点になるようにしゃせん部分を中に折りこむ。

❿
手前の1まいを上から1/3で折る。

⓫
むきをかえる
うらがえす
下も手前の1まいを同じはばにかさなるように折る。

⓬
うらがえして上下のむきをかえ、❿、⓫のように折る。

できあがり

⓭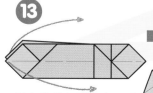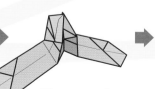
はしをそれぞれもって、広げる。

まん中にゆびを入れて、四角くととのえる。

わにしながら、りょうはしをさしこんでつなげる。

ふくろをとじるのにつかってもかわいい！

テトラパック

ざいりょう
折り紙1まい（15×15センチ）

用いするもの
のり、マスキングテープ

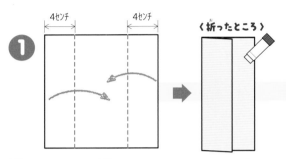

〈折ったところ〉

❶ 右は4センチ、左は4センチでじゅんに折り、
かさなったところをのりでとめる。

うらがえす

❷ うらがえして、
よこ半分に折りすじを
つける。

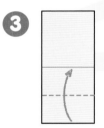

❸ 下を折りすじまで
折る。

❹ さらにまくように
折る。

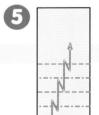

❺ ❷の形までもどして、
折りすじでジグザグに
だん折りする。

❻ 折ったところのまん中を
マスキングテープでとめ、
左右を広げる。

❼ 中にあめなどを入れて、
★を合わせる。

❽ かさねて少し折り、
マスキングテープで
とめる。

できあがり

さきにプレゼントを
入れて、
口をとじよう！

Spring

春のクラフト

新しいことがはじまる春は、ワクワクがいっぱい。

折り紙を折ったり、工作をしてみよう!

ドキドキ楽しいものが、きっとできるよ。

春の草花のようなカラフルな色をつかって、今日は何を作る?

春色ブーケ

春は出会いとわかれのきせつ。
ありがとうの気もちをつたえるのに、
手作りの花たばはいかが？
母の日にもぴったり！

作り方 38、39 ページ

バラ

カーネーション

ガーベラ

サッカーゲーム

お友だちといっしょにサッカーゲーム！
ストローとトイレットペーパーのしんをつ
かった2つのやり方であそべるよ。

作り方 40、41ページ

✂ こいのぼりかざり

こいのぼりといっしょにおうちや車などの切り紙をかざって、
男の子のすこやかな成長をいわおう！

かた紙 101、102 ページ

こいのぼり

風せん

タワー1

雲

木

タワー2

家1

車

家2

家3

おひなさま

男びなと女びなも
折り紙1まいでかんたんにつくれるよ。
びょうぶをつければ、りっぱなおひなさまかざりに。

作り方 42、43 ページ

男びな　　　　　　　　　　　　　　　　　**女びな**

イースターバニー

イースターエッグを体にして
うさぎの顔とくみ合わせたら
イースターバニーに！
エッグだけでもかわいいよ！

作り方 44、45 ページ

あつ紙にはって
かざろう！

イースター
エッグ

春色ブーケ

ざいりょう
折り紙（15 × 15 センチ）、ストロー、ペットボトルのふた、ティッシュペーパー、折り紙小（7.5 × 7.5 センチ）、わゴム、クッキングシート、リボン

用いするもの
えんぴつ、はさみ、りょうめんテープ、せっちゃくざい、セロハンテープ

バラ

1
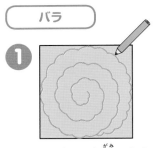
100 ページのかた紙のようにぐるぐるをかく。
りょうめん折り紙がおすすめ。

2
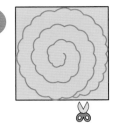
線にそって切る。

こんな感じになるよ！

3

えんぴつなどでなるべくきつめにくるくるまいていく。

4
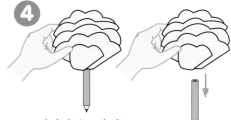
まきおわったら、えんぴつをそっとぬく。

5
りょうめんテープやせっちゃくざいで中心とはしをとめる。

6
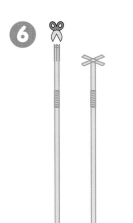
ストローに4本切りこみを入れてひらく。

7

バラのうらがわにテープでつける。

できあがり

1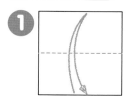
半分に折りすじを
つける。

2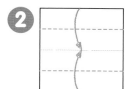
上下をまん中に
合わせて折る。

3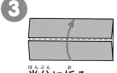
半分に折る。

4
下から1センチで
折りすじをつける。

5
折りすじまで細かく
切りこみを入れる。

6
折りすじのところに
りょうめんテープを
はり、ストローを
くるくるとまきつける。
まきおわりを
テープでとめる。

7
花びらを
広げる。

できあがり

ガーベラ

1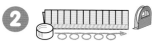
カーネーションの1〜4まで
同じように作り、5で少し
はばを広めに切りこみを入れる。

2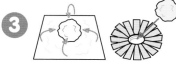
折りすじのところに
りょうめんテープをはり、
ペットボトルのふたを
くるくるとまきつける。
まきおわりをテープでとめる。

3
ティッシュペーパーを丸めたものを、
折り紙小でつつみ、
ペットボトルのふたにつめる。

4 5
ストローに
4本切りこみを
入れる。

ペットボトルの
ふたにストローを
はりつける。

できあがり

ブーケ
クッキングシート
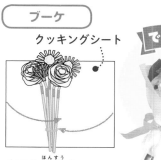
すきな本数を
わゴムでたばねて、
クッキングシートで
くるむ。

できあがり

リボンをつける

サッカーゲーム

ざいりょう

空きばこ、画用紙、色画用紙、ストロー、ピンポン玉、折り紙（15 × 15 センチ）、トイレットペーパーのしん、丸シール

用いするもの

はさみ、セロハンテープ、りょうめんテープ、ゆせいペン、のり、マスキングテープ

グラウンド

①

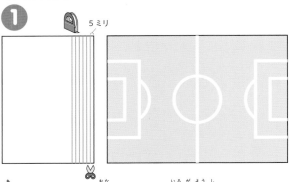

5 ミリ

空きばこのそこと同じサイズの色画用紙をじゅんびし、りょうめんテープをはった画用紙を細く切って、図を見ながらグラウンドのもようをつける。

②

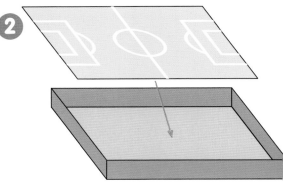

空きばこのそこに入れる。

ゴール

①

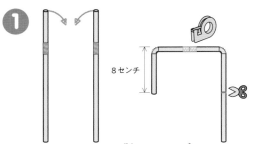

8 センチ

まがるストローを2本つなげて切る。ゴールのわくを2こ作る。

②

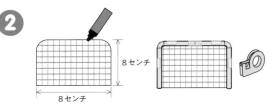

8 センチ

8 センチ

ゴールの大きさに合わせて画用紙を切ってもようをかき、はりつける。

③

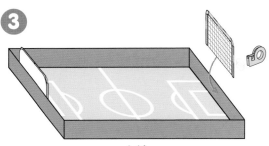

わっかにしたテープを左右のゴールのいちにはり、②をはりつける。

できあがり

せん手

①

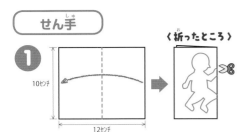

〈折ったところ〉

10センチ
12センチ

画用紙を半分に折り、100 ページの
かた紙の人の形に切る。2つ作る。

②

広げて、左右同じように
色をぬる。もうひとつは
ちがうユニフォームにしよう。

③

ストローの先の方に
ストローをはさむように
わっかにしたテープではる。
2つ作る。

ボール

ピンポン玉にゆせいペンで
サッカーボールのもようをかく。

できあがり

せん手　〈トイレットペーパーのしんタイプ〉

①

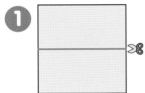

はだ色と赤の折り紙を半分に切る。

②

トイレットペーパーのしんの上半分にはだ色を、
赤の折り紙を下半分にまきつけてはる。

③

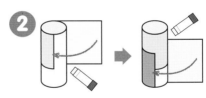

7.5 センチ
1センチ

細く切った黒の折り紙や
マスキングテープ、
丸シールをはる。

④

2.5 センチ
1 センチ
4センチ

後ろがわにゆびを入れる
あなを切る。

できあがり

もうひとつは
色ちがいで
作ろう！

あそび方

ストローをふいて、ボールをうごかして
ゴールをきめよう！

トイレットペーパーの
しんのせん手であそぶとき
は、あなに人さしゆびと
中ゆびを入れて、ゆびで
ボールをけるよ！

41

おひなさま

ざいりょう
折り紙3まい（15×15センチ）
しゃく・おうぎのパーツ（かた紙100ページ）

用いるもの
色えんぴつ、のり

①
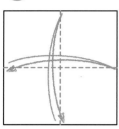
たてよこ半分に
折りすじをつける。

②
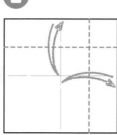
上と右をまん中の
折りすじまで折ってもどす。

③
 むきをかえる
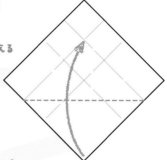
図のむきにし、②でつけた
折りすじに合わせて折る。

④
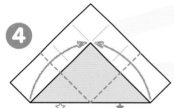
☆と★がまん中で合うように左右を折る。
〈折ったところ〉

できあがり

うらがえして顔をかき、
しゃく（かた紙100ページ）
をのりでつける

⑤

男びな	女びな
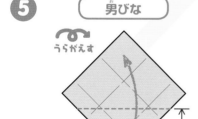	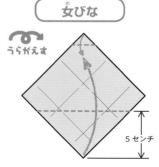

うらがえす

5センチ

うらがえして、下の角から
5センチのところで折る。

うらがえす

5センチ

①〜④まで折り、
うらがえして、
下の角から5センチの
ところで折り、上も少し折る。

うらがえして顔をかき、
おうぎ（かた紙100ページ）
をのりでつける

びょうぶ

1 半分に切った折り紙を
半分に折る。

2 半分に折る。

3 さらに半分に折る。

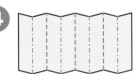
4 広げて、山折り、谷折りの
じゅんにじゃばら折りする。

コラム 1　いろんな顔のかき方

目のつけいち　顔の中で一番のきめ手となる目。目のつけいちや大きさでいろんな顔になるよ。

普通目	はなれ目	近い目	おさない目	大人っぽい目

ひょうじょういろいろ　自分のすきなひょうじょうを見つけてね！

にこにこ	げらげら	うふふ	テヘッ	ヒューヒュー

わーん	およよ	・・・	オコ	ムムッ

キャー	アイタタ	ガーン	イヒヒ	ラブ

イースター バニー【うさぎ】

ざいりょう
折り紙 1 まい(15 × 15 センチ)
用いするもの
セロハンテープ、ペン、
色えんぴつ

①

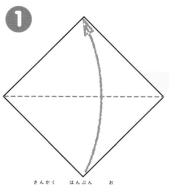

三角に半分に折る。

②

2 センチ

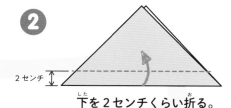

下を 2 センチくらい折る。

③

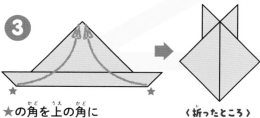

★の角を上の角に
合わせて折る。

〈折ったところ〉

④

うらがえす

うらがえして図の角を
山折りし、内がわに折りこむ。

〈折ったところ〉

⑤

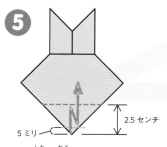

2.5 センチ

5 ミリ

下の角を
だん折りする。

できあがり

うきやすいところを
テープではって、顔をかく

44

イースターエッグ

ざいりょう
折り紙1まい（15 × 15センチ）
用いるもの
ペン、色えんぴつ

①

三角に半分に折る。

②

★のふちがまっすぐになるように
右の角をななめに折る。

ここを
まっすぐに

〈折ったところ〉

③

左の角も同じように折る。

〈折ったところ〉

④

うらがえす

むきをかえる

〈折ったところ〉

うらがえして、とんがりが下になるようにむきを
かえる。手前の1まいを図のようにだん折りする。

⑤

うらがえす

うらがえしてすべての
角を少しずつ折る。

うらがえす

できあがり

うらがえしてペンなどで
もようをかく

うさぎとイースターエッグをくみ合わせると
イースターバニーのできあがり

テープで
うさぎの顔をつける。

アレンジも！

うさぎの顔の左右を少し折った
り、イースターエッグの①で色
のついためんを上にして折りは
じめると色の出方がかわるよ！

春色ブーケの バラ カーネーション ガーベラ をつかって

フラワーボックス

ざいりょう
バラ・カーネーション・
ガーベラのざいりょう、空きばこ、リボン
用いするもの
えんぴつ、はさみ、りょうめんテープ、
せっちゃくざい、セロハンテープ

バラとガーベラ

バラは 38 ページの❺まで、
ガーベラは 39 ページの
❸まで作り、ストローを
つけずに花だけを作る。

カーネーション

ストローのまがるところで
切っておく。
39 ページの❻の折り紙を
まきつけたあと、ストローは
少しのこして長い分を切る。

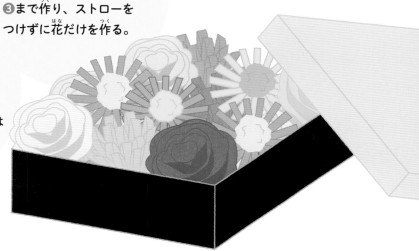

はこにリボンをつければ、
そのままプレゼントできるね。

バラだけにしても
大人っぽくて
すてきだよ!!

お花をたくさん作って
丸のはこや四角のはこに
つめたら、ステキな
ギフトボックスになるよ。

夏のクラフト

長い夏休みは、手のこんだ折り紙や工作にもチャレンジ！

自由けんきゅうには、空きビンで水ぞくかんのスノードームを作ったり、

牛にゅうパックでお金を入れるとおき上がるちょ金ばこを作ったりして、

クラスの人気ものになろう！

スノードーム水ぞくかん

スノードームはキラキラがいっぱいで水中にいるみたい。
中に入れるモチーフは、すきなお魚にしてね。

作り方 54、55 ページ

イルカ

クラゲ

ビックリがいこつちょ金ばこ
くるくる絵がわりちょ金ばこ

お金を入れると、がいこつがおき上がってビックリ！
くるくるまわして、絵を合わせるちょ金ばこも楽しいよ。

作り方 56、57ページ

くるくる絵がわりちょ金ばこ

ビックリがいこつちょ金ばこ

ビッグヨーヨー

すいかやパンダのヨーヨーが牛にゅうパック1つで
作れるよ。大きいからダイナミックにあそべる!

作り方 58ページ

パンダ

すいか

星・七夕かざり

折り紙の切り方をかえるだけで、いろんな形の七夕かざりに。
ささにかざってもすてきだね。

星の作り方) 59 ページ
かた紙) 103 ページ（中ぬけ星）、105 ページ（七夕かざり）

七夕かざり 1

七夕かざり 3

七夕かざり 2

星

中ぬけ星

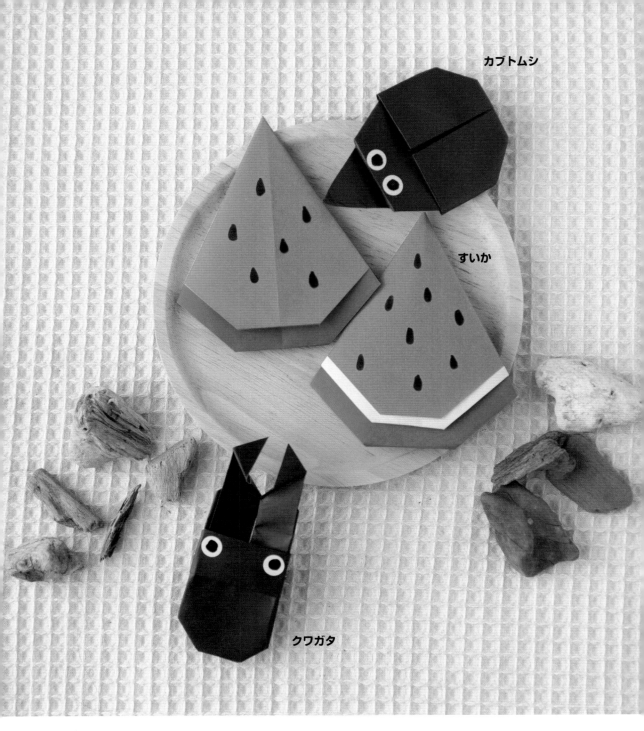

カブトムシ

すいか

クワガタ

すいか・カブトムシ・クワガタ

カブトムシやクワガタがほしいときは、折り紙で作っちゃおう！
おいしいすいかをあげてね。

作り方 60 〜 62 ページ

ティラノサウルス・プテラノドン

男の子が大すきなきょうりゅう。たくさん折れば、自分だけの
きょうりゅうのせかいができるよ。大きい紙で折ってもいいね。

作り方 63〜65ページ

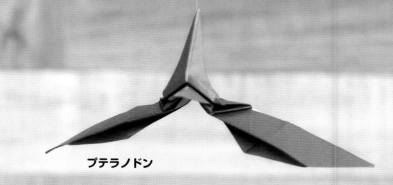

プテラノドン

ティラノサウルス

スノードーム水ぞくかん

ざいりょう
空きビン、食ひんトレー、荷作りテープ、スポンジ、貝がら、水、せんたくのり、ラメなど、かざりテープ、シール

用いするもの
はさみ、ゆせいペン、グルーガン、ビニールテープ、りょうめんテープ、せんめんき

クラゲ

①

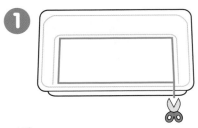

さしこむところをのこす。

食ひんトレーのたいらなところを切りぬき、ゆせいペンでクラゲの絵（かた紙103ページ）をかいて、切りとる。

②

荷作りテープでかざる。
（イルカはつけない）

③

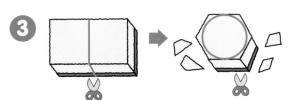

スポンジをビンのふたよりひとまわり小さい丸に切る。

④

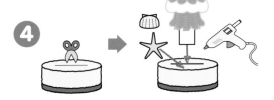

まん中に切りこみを入れ、グルーガンでクラゲをさしこみ、まわりに貝がらなどをつける。

⑤

〈はったところ〉

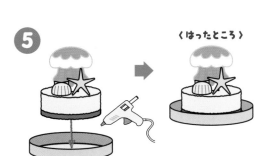

ふたの内がわに④をグルーガンでつける。

⑥

3:7

水3：せんたくのり7のわり合いでまぜ、ビンのようりょうより多めのえき体を作る。

⑦

⑤を入れて、スポンジにえきをなじませる。

⑧ えきから❺をとり出す。
せんめんきにビンをおき、
ラメなどを入れて、えきをギリギリまでそそぐ。

せんめんきが
あるといいよ！

⑨ ふたをする。あふれ出してもよいので、
しっかりふたをする。せんめんきから
とり出し、えき体をふきとる。

⑩ ふたのところにビニールテープを
しっかりまきつけ、かざりテープを
つける。ビンにシールをはる。

できあがり

中をイルカにし、
かざりをかえたり、
ビンに絵をかいても
すてきだよ！

あそび方

ビンをふったり、ひっくり
かえすとラメがキラキラと
おちてきれいだよ。ラメの
ほかに、ビーズなどを入れ
るのもおすすめ！

夏のクラフト

ビックリがいこつ ちょ金ばこ

> **ざいりょう**
> 牛にゅうパック（2つ・1000㎖）、
> 折り紙（15 × 15 センチ）
>
> **用いするもの**
> はさみ、セロハンテープ、のり、
> ペン、カッターナイフ

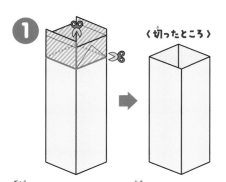

1 牛にゅうパックのあけ口を切りとる。本体になる。

〈切ったところ〉

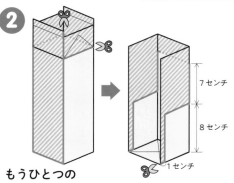

2 もうひとつの牛にゅうパックのあけ口と1めんを切りとり、図のように切る。

7センチ
8センチ
1センチ

3 図のように折る。ひき出しになる。

4 合わせ目にテープをはる。

こちらが前になる

5 むきをかえて、まわりには、ちぎった折り紙をはり、前をこうもりなどのパーツ（かた紙 103 ページ）でかざる。

6 本体にもちぎった折り紙をはり、こうもりなどのパーツをかざる。

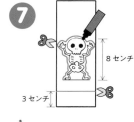

7 ❷で切りとった1めんにがいこつの絵（かた紙 103 ページ）をかき、切りとる。3センチはばの長方形も切りとる。

8センチ
3センチ

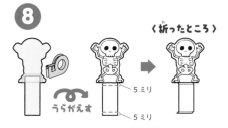

8 がいこつのうらに❼の長方形をしっかりはり、図のようにつけねと先を少しずつ折る。

〈折ったところ〉

うらがえす

5ミリ
5ミリ

9 本体にカッターで切りこみを2つ入れる。

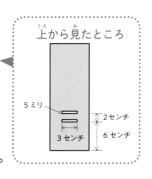

上から見たところ

つづく

5ミリ
2センチ
3センチ
6センチ

⑩ ❺のひき出しを本体に入れ、
上の切りこみにがいこつをさしこむ。

できあがり

あそび方

下の切りこみに
お金を入れると、
がいこつがおき
上がるよ！

くるくる絵がわり ちょ金ばこ

ざいりょう
丸い形の空きようき、画用紙、折
り紙小（7.5×7.5センチ）

用いするもの
はさみ、のり、ペン、
カッターナイフ

① 画用紙を空きようきにまきつけられる大きさと
のりしろをのこして切る。

②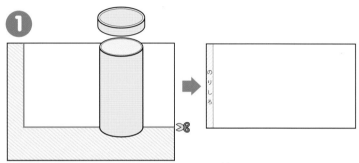
よこ3とう分、
たて4とう分のせんをうすくかいて、
4体の絵（かた紙104ページ）をかく。

③ せんで3とう分に切る。

④ それぞれを空きようきに
まきつけて、のりしろの
ところをのりではる。
ぴったりにまきつけると
まわらなくなるので、
ほんの少しよゆうを
もたせてはる。

⑤
3センチ
5ミリ
ふたに折り紙を
はり、お金を入れる
あなを切りぬく。

⑥
ふたをする。

あそび方

絵をまわして、
絵合わせ
しよう！

できあがり

ビッグヨーヨー

ざいりょう
牛にゅうパック、折り紙（15 × 15 センチ）、わゴム

用いするもの
はさみ、のり、テープ、ペン

 すいか

①
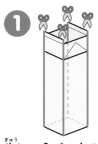
牛にゅうパックの
4つの角からたてに
切りこみを入れて広げる。

②
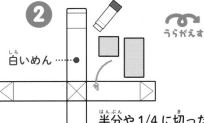
白いめん
うらがえす
半分や 1/4 に切った
みどりの折り紙を
ぜんめんにはる。
はみ出たところは切る。
（パンダははらない）

③
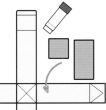
うらがえして、
いんさつのあるめんには、
半分や 1/4 に切った
赤の折り紙をはり、余分を
切る。（パンダはくろをはる）

④
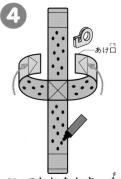
あけ口
ペンでたねをかき、左右の
あけ口同士をわっかに
なるようにかさねて
テープでしっかりはる。

⑤
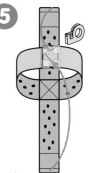
下からかさねて、
テープでしっかり
はり、上もかさねる。

⑥

丸い形にして
テープでしっかりはり、
外がわにペンで
もようをかく。

⑦

わゴム 7、8 本を
図のようにつなげる。
長さはこのみで
ちょうせいする。

⑧

⑥の上に図のように
とおしてとめる。

 できあがり

パンダは、103 ページの
かた紙の顔のパーツ（画用紙）
をつけよう！

あそび方

ゆびにわゴムをとおして、
手のひらでポンポンと
はねさせよう！

✂ 星【10折り】

ざいりょう
折り紙 1 まい（15 × 15 センチ）

用いるもの
えんぴつ、はさみ

❶

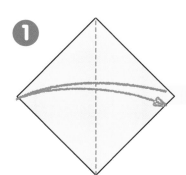

半分に折りすじをつける。

❷

三角に折る。

❸

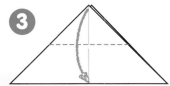

手前の 1 まいを、
たての折りすじが
かさなるように半分に折る。

❹

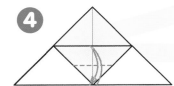

さらに半分に折ってから、
❸の形までもどす。

❺

★が☆の折りすじの
りょうはしと合うように折る。

❻

右を図のように
折る。

❼

左を後ろに折る。

❽

かた紙に合わせてえんぴつで
せんを書いて切る。

できあがり

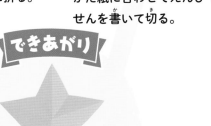

そっと広げる。星のとんがりに山折りが
くるようにととのえるときれいになるよ！

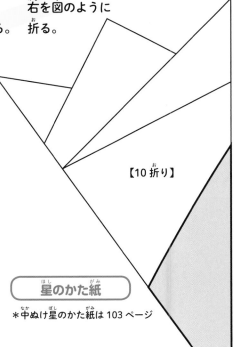

【10折り】

星のかた紙
＊中ぬけ星のかた紙は 103 ページ

📄 カブトムシ

ざいりょう
折り紙1まい（15 × 15 センチ）
丸シール

用いするもの
ゆせいペン

①

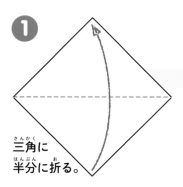

三角に
半分に折る。

②

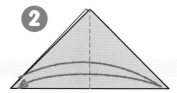

半分に
折りすじをつける。

③

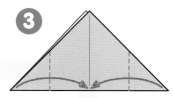

左右の角をまん中に
合わせて折る。

④

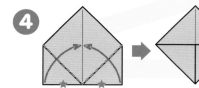

さらに★のふちを
まん中に合わせて折る。

〈折ったところ〉

⑤ うらがえす

うらがえして、
左右の角をまん中に
合わせて折る。

⑥

図のように
ななめに折る。

⑦

下の角を少し
折る。

⑧

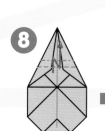

上から
3センチくらいの
ところでだん折りする。

うらがえす

〈折ったところ〉

できあがり

うらがえして、丸シールをはり、
ペンで目をかく

クワガタ

ざいりょう
折り紙1まい(15 × 15 センチ)
丸シール

用いするもの
ゆせいペン

①

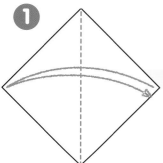

半分に折りすじをつける。

②

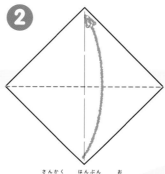

三角に半分に折る。

③

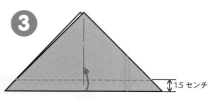

↕1.5 センチ

下から 1.5 センチのところで折る。
ここが角の太さになる。

④

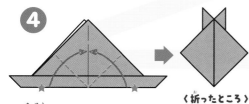

〈折ったところ〉

左右の★のふちを
まん中に合わせて折る。

⑤ うらがえす

うらがえして、手前の2まいを
半分に折る。

⑥

2センチ

手前の2まいを
下から2センチの
ところで折る。

⑦

⑥で折った
ところを
まくように
折る。

⑧

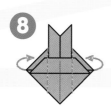

図のせんで後ろに
折る。

⑨

左右の上の角を
ななめに広げる
ように折る。

⑩

上と下を図の
ように折る。

できあがり

丸シールをはり、
ペンで目をかく

おりがみ すいか

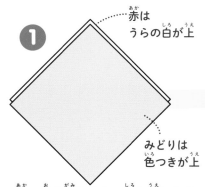

ざいりょう
折り紙2まい（15 × 15 センチ）

用いするもの
ペン

①

赤は
うらの白が上

みどりは
色つきが上

赤の折り紙はうらの白を上におき、
少しずらしてみどりの折り紙をかさねる。

②

5ミリ　　　　　　　　　　　5ミリ

〈折ったところ〉

みどりの折り紙のまん中から
5ミリずらして、半分に折る。

③

下のまん中に少しだけ
折りすじをつける。

④ うらがえす

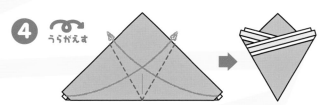

〈折ったところ〉

うらがえして、折りすじから
3つ折りする。

⑤ むきをかえる

〈折ったところ〉

むきをかえて、図のように折る。

でき あがり

赤とみどりの
りょうめん折り紙1まいだと
白いふちなしすいかに！

⑥

うらがえす

1.5 センチ

〈折ったところ〉

みどりの折り紙を下から1.5センチで折り、
のこりの2まいも、それぞれ図のように折りこむ。

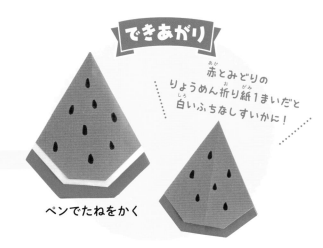

ペンでたねをかく

プテラノドン

ざいりょう
折り紙1まい（15 × 15 センチ）

①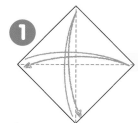

図のむきにおき、たてよこ半分に折りすじをつける。

②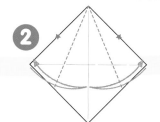

★のはしをまん中に合わせて折りすじをつける。

③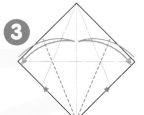

★のはしも同じように折りすじをつける。

④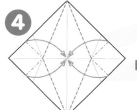

折りすじに合わせて図のように折る。

〈折っていると中〉

⑤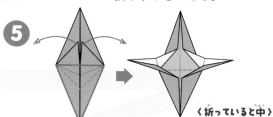

角から広げるように折る。

〈折っていると中〉

⑥ ここがまっすぐになる

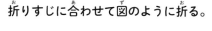

下から図のように折る。

〈折ったところ〉

⑦ うらがえす

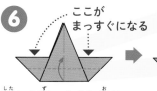

うらがえして、角を2まいいっしょに折る。

⑧

手前だけを折りかえす。

⑨ むきをかえる

むきをかえ、後ろに半分に折る。

⑩

右の角を少しおこし、せんでかるく折って広げる。

⑪ くちばしをだん折りする。

⑫ うらがえす

 →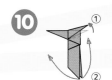

うらがえして、図のように折る。

〈折ったところ〉

あしになる

うらがえす

できあがり

後ろがわ

うらがえして、はねに角度をつける

ティラノサウルス

ざいりょう
折り紙1まい
（15 × 15 センチ）

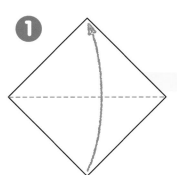

❶ 三角に半分に折る。

❷ さらに半分に折る。

❸ ⇨からひらいて
つぶすように折る。

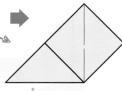

〈折ったところ〉

❹ うらがえして、同じように
ひらいて
つぶすように折る。

❺ ★のはしをまん中に
合わせて折る。

❻ 図のように折る。

❼ ❺の形まで
もどす。

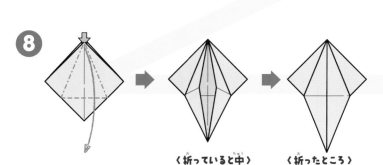

❽ 広げながら、折りすじに合わせて折る。

〈折っていると中〉　　〈折ったところ〉

❾ うらがえして、
同じように折る。

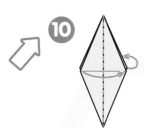

⑩ 手前の1まいを
左から右にめくり、
後ろも同じようにめくる。

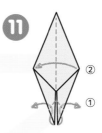

⑪ ①、②のじゅんで折る。①は折りすじをつけて、
それぞれ中わり折り（9ページ）にする。
そのあと半分に折る。

⑫ 外がわの1まいを
ひっくりかえしながら
⑬の形になるように
外わり折り（9ページ）する。

〈折ったところ〉

⑬ 図のせんで折りすじをつけて、
中わり折りをする。
さらに中わり折りして、
先を上にむける。

⑭ 図のように
だん折りする。

⑮ ⇨からひらいて
前につぶすように折る。

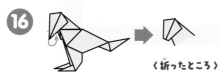

〈折ったところ〉

⑯ 角を少しだけ後ろがわに折る。

できあがり

足を広げて
立たせる

後ろがわ

カブトムシ 　七夕かざり 　すいか 　星　をつかって

七夕つるしかざり

ざいりょう
折り紙、もぞう紙、シール、リボン、糸

用いするもの
ペン、はさみ、セロハンテープ

ひこ星・おりひめ

60ページのカブトムシを
水色とピンクの折り紙で折る。
ペンで顔やもようをかいたり
星がたのシールをはったりして、
ひこ星・おりひめを作ろう！

おりひめには、
はごろもをわすれずに
つけよう。
はごろもは、
細く切った紙や
リボンで作ってね。

すいか・星

62ページのすいかを
折り、59ページの星や
103ページの
中ぬけ星を切る。

七夕かざり

もぞう紙などの
大きな紙をじゃばらに
折って105ページの
七夕かざり1を切る。

のばした七夕かざりを
かべや天じょうにはる。
あみ目にひこ星・おりひめ、
すいかや星を
はったりぶらさげたりしてね。

Autumn

秋のクラフト

今年のハロウィンのかそうは、
かんたんに作れるコスチュームできまり！
カチューシャをつけたり、かめんをしたり、
オリジナルのかそうでハロウィンパーティーを楽しもう！

HALLOWEE

フォトプロップス

がいこつやかぼちゃ、くろねこのかめんをつけて、
トリックオアトリート！

作り方 72 ページ

くろねこ

かぼちゃ

ジャックオーランタン

がいこつ

こうもり

ハロウィンカチューシャ

カチューシャにシルクハットがたのジャックオーランタンや
こうもりをつけて、おしゃれにへんしん！

作り方 73 ページ

ハロウィンかざり

ちょっぴりこわいジャックオーランタンやおばけ、
きのこたちをかざって、ハロウィン気分をもり上げよう！

折り紙作り方) 74、75 ページ
切り紙かた紙) 107、108 ページ

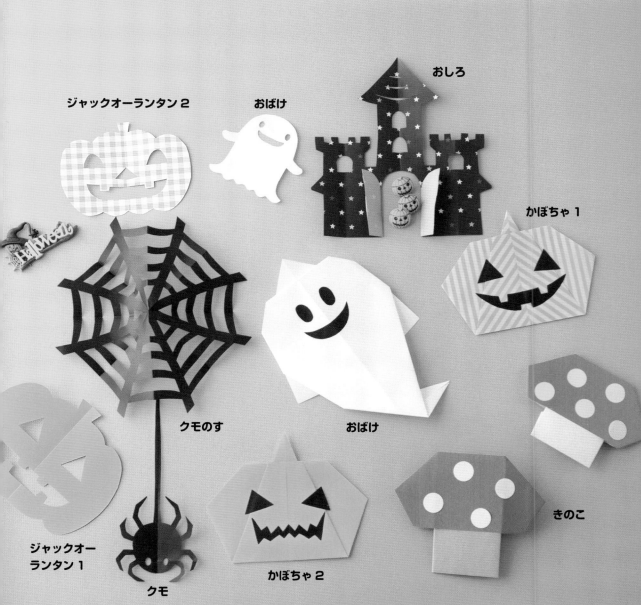

ジャックオーランタン 2　　おばけ　　おしろ

かぼちゃ 1

クモのす　　おばけ

きのこ

ジャックオー
ランタン 1

クモ　　かぼちゃ 2

フィンガーパペット

ゆびにはめてあそぶ小さなパペット。
ねずみさんときつねさんで
何を話しているのかな？

作り方 76 ページ

ねずみ　　　　きつね

ストライプモンスター

ドットモンスター

ふうとうパペット

手にはめるパペットは、
ハロウィンに合わせてモンスターバージョン！
人やどうぶつのもようにしてもいいね。

作り方 77 ページ

 りす＆どんぐり

森に入ると、りすが冬にそなえて、
どんぐりあつめのまっさい中。
たくさんあつめてあげよう。

作り方 78、79 ページ

フォト プロップス

ざいりょう
紙ざら（直けい 18 センチ）、折り紙（15 × 15 センチ）、顔のパーツ（色画用紙・かた紙 106 ページ）、ストロー、モール

用いするもの
はさみ、セロハンテープ、ペン、のり、えんぴつ

がいこつ

1

紙ざらを
半分に切る。

2

半分に折り、
図のように目のあなを
切りぬく。

でき あがり

3

角を少し丸く切って、
のこりの紙ざらで作った
歯のパーツ（かた紙 106 ページ）
をテープではる。

4

ペンで顔をかく。

5

うらがえす

うらがえす

うらがわに
ストローを
はりつける。

くろねこ・かぼちゃ

1

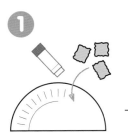

半分に切った
紙ざらに折り紙を
ちぎってはる。

2

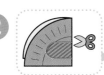

目のあなを
切りぬく。

106 ページのかた紙の
顔のパーツをつける。

でき あがり

2

目のあなを
切りぬく。

106 ページのかた紙の
顔のパーツをつける。

秋のクラフト

ハロウィン カチューシャ

ざいりょう

あつ紙、紙コップ、紙ざら（直けい10センチ）、折り紙（15×15センチ）、顔のパーツ（色画用紙・かた紙106ページ）、モール、うごく目、カチューシャ

用いするもの

のり、えんぴつ、はさみ、セロハンテープ、せっちゃくざい、りょうめんテープ

かぼちゃ

①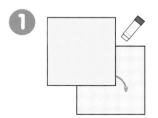
あつ紙に折り紙をはる。 紙コップののみ口に合わせて丸をかく。

②
丸を切る。

③
②を紙コップのふたにしてテープではる。色つきの紙コップがないときは、折り紙をはって作る。

④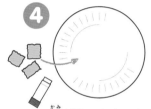
紙ざらのおもてとうらに折り紙をちぎってはる。

〈はったところ〉

⑤
③と④をテープではり合わせる。

⑥
顔のパーツなど（かた紙106ページ）をはって作り、せっちゃくざいでカチューシャにつける。モールはえんぴつにまきつけてくるくるに。

こうもり

紙コップに折り紙をちぎってはり、色画用紙の羽をつける。うごく目や顔のパーツ（かた紙106ページ）をはる。

できあがり

あそび方

フォトプロップスを顔にあてたり、カチューシャをあたまにつけて、パーティーに出かけよう！

73

 かぼちゃ

ざいりょう
折り紙1まい（15 × 15 センチ）
目と口のパーツ（かた紙109ページ）

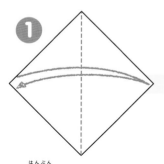

① 半分に
折りすじをつける。

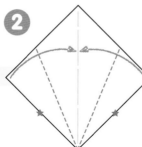

② ★のはしをまん中に
合わせて折る。

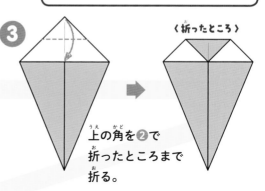

③ 〈折ったところ〉
上の角を②で
折ったところまで
折る。

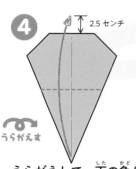

④ 2.5 センチ
うらがえす
うらがえして、下の角が
2.5 センチはみ出すように折る。

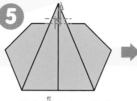

⑤ はみ出しところを
だん折りする。

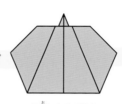

〈折ったところ〉

できあがり

目と口のパーツ
（かた紙 109 ページ）を
つける

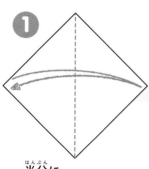 おばけ

ざいりょう
折り紙1まい（15 × 15 センチ）
目と口のパーツ（かた紙108ページ）

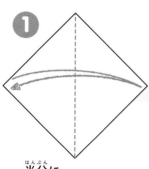

① 半分に
折りすじをつける。

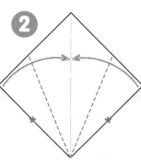

② ★のはしをまん中に
合わせて折る。

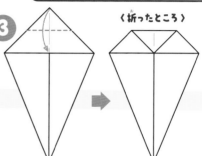

③ 〈折ったところ〉
上の角を②で
折ったところまで折る。

つづく

④

角を<ruby>それ<rt></rt></ruby>ぞれ外がわに
はみ出すように折る。

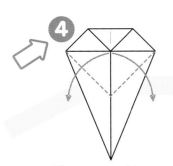

⑤

上の角、よこ、下を
図のように折る。

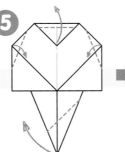

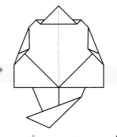

〈折ったところ〉

うらがえす

できあがり

うらがえして、
目と口のパーツ
（かた紙 108 ページ）をつける

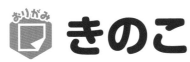

きのこ

ざいりょう
りょうめん折り紙1まい（15 × 15 センチ）、丸シール

①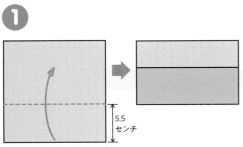

5.5
センチ

下から 5.5 センチ折る。

② うらがえす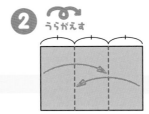

うらがえして3とう分
に同じはばに折る。

③ 〈折っていると中〉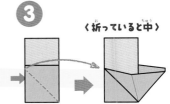

→からひらいて
つぶすように折る。

---

④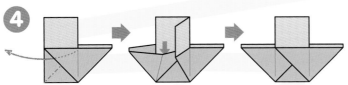

〈折ったところ〉

かさなっているはんたいがわも同じように、
→からひらいてつぶすように折る。

⑤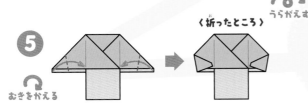

〈折ったところ〉

うらがえす

むきをかえる

上下のむきをかえて、左右の角をななめに折る。

できあがり

うらがえして、
シールをはる

アレンジも！

①の長さを5ミリみ
じかい5センチで折
り、⑤でじくの部分
を半分に折る。普通
の折り紙で折るとじ
くが白になるよ。

フィンガー パペット

ざいりょう
色画用紙、耳のパーツ（かた紙 109 ページ）、デコレーションボール

用いするもの
はさみ、のり、ペン、りょうめんテープまたはせっちゃくざい

ねずみ

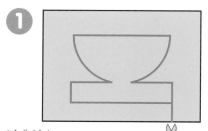

① 色画用紙を 109 ページのかた紙に合わせて切る。

〈切ったところ〉

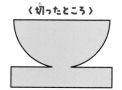

② 上のところは、とんがりぼうしのような形になるように少しかさねてはり合わせ、谷折りする。

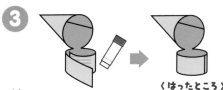

③ 下はわっかになるように（人さしゆびの太さに合わせる）少しかさねてはる。

〈はったところ〉

④ デコレーションボールをはなにつけ、耳のパーツ（かた紙 109 ページ）をはり、目とヒゲをかく。

きつね

❸まで作ったら、同じように耳のパーツ（かた紙 109 ページ）をつけたり、顔をかく。

できあがり

あそび方

ゆびに入れて、ゆびをまげながらあそぼう！

76

ふうとう パペット

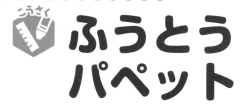

ざいりょう

ふうとう（23.5 × 12 センチ）、
顔のパーツ（色画用紙・かた紙 109 ページ）、
丸シール

用いするもの

はさみ、のり、マスキングテープ

①

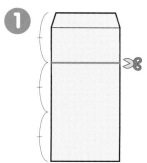

ふうとうの上 1/3 を切る。

②

むきをかえる

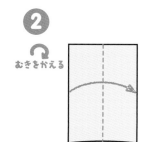

むきをかえ、
たて半分に折る。

③

2 まいかさねたまま
図のように切る。

④

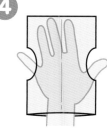

手をさしこんで、
ゆびが出るか
かくにんし、大きさを
ちょうせいする。

⑤

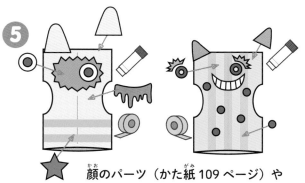

顔のパーツ（かた紙 109 ページ）や
丸シール、マスキングテープでかざる。

できあがり

 あそび方

手にはめて、あなから
親ゆびと小ゆびを出す
と小さなモンスターに！
お話ししよう！

こんにちは

おなか
すいたぞ〜

おりがみ りす

ざいりょう
折り紙1まい（15 × 15 センチ）

用いるもの
ペン

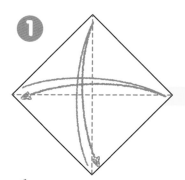

① 図のむきにおき、
たてよこ半分に折りすじを
つける。

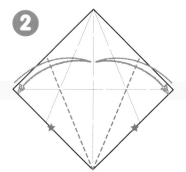

② ★のはしをまん中に合わせて
折りすじをつける。

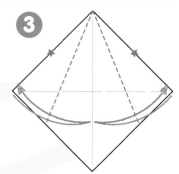

③ 同じように★のはしをまん中に
合わせて折りすじをつける。

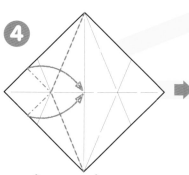

④ 折りすじに合わせて
図のように折る。

〈折ったところ〉

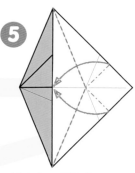

⑤ はんたいがわも、
同じように折る。

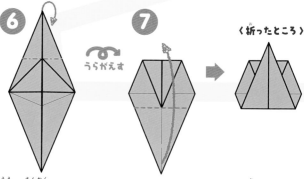

⑥ 上を三角のところで
後ろに折る。

⑦ うらがえして、⑥で折った
角のところで下を折る。

〈折ったところ〉

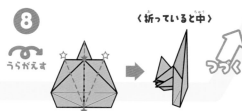

⑧ うらがえして、★と☆を
つないだせんをななめに折りながら、
★と★の折りすじを前に
おし出すように折る。

〈折っていると中〉

⑨ しっぽを外がわに
かぶせるように
外わり折り（9ページ）する。

⑩ 耳をだん折りする。

でき上がり

ペンで目と口をかく

おりがみ **どんぐり** ＊まずは、15×15センチの
折り紙で折ってみよう

ざいりょう
折り紙1まい（5×5センチ）

用いするもの
色えんぴつなど

①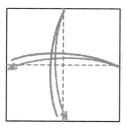

たてよこ半分に
折りすじをつける。

②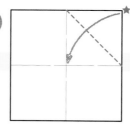

右上の角だけ中心まで折る。

③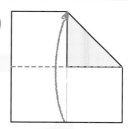

よこの折りすじで
半分に折る。

④

図のように半分に折る。　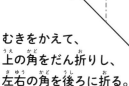 〈折ったところ〉

⑤ むきをかえる

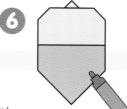

むきをかえて、
上の角をだん折りし、
左右の角を後ろに折る。

⑥

色えんぴつで
白いところを茶色にぬる。

でき上がり

りすの大きさに合わせて
5×5センチで折ったよ

きのこ かぼちゃ どんぐり りす をつかって

秋色（あきいろ）リース

ざいりょう
紙（かみ）ざら、毛糸（けいと）、折（お）り紙（がみ）、モール、ひも
用（よう）いするもの
カッター、はさみ、セロハンテープ、
りょうめんテープ

きのこ・かぼちゃ どんぐり

74、75 ページのきのこ、
かぼちゃ、79 ページの
どんぐりをサイズちがいの
折（お）り紙（がみ）で、いろんな
大（おお）きさに折（お）る。

りす

78 ページの
りすを折（お）る。

毛糸（けいと）がないときは、
折（お）り紙（がみ）をちぎって
はっても OK！

紙（かみ）ざらで作（つく）ったリースに
きのこ・かぼちゃ・どんぐりを
バランスよくはる。
りすを切（き）りぬいた丸（まる）の中（なか）にりょうめんテープなどで
しっかりつける。ぶらさげても OK。
上（うえ）にひっかけるためのひもやモールをつける。
ドアやかべにかざったら、
とたんにおへやが秋（あき）っぽくなるね。

毛糸（けいと）は、
細（ほそ）いとまくのが
大（たい）へんだから
太（ふと）めがおすすめ。

リース

紙（かみ）ざらのまん中（なか）を丸（まる）く切（き）りぬく。
カッターで切（き）るか、あなをあけて
そこからはさみで切（き）り広（ひろ）げる
こともできるよ。
わっかになった紙（かみ）ざらに太（ふと）めの
毛糸（けいと）をぐるぐるまきつける。

冬のクラフト

ふゆ

年末年始は、楽しいイベントばかり。
クリスマスは、折り紙のサンタやトナカイ、立体ツリーでかざりつけ！
みんながあつまるお正月はおみくじつりゲームで、
うんせいをうらなっちゃおう！

パクパクサンタ

お口をあけてお話ししてくれるサンタ。くまさんやパンダさんもいっしょにパクパク。

作り方 86、87 ページ

クリスマスかざり

サンタやトナカイ、プレゼントボックスは、クリスマスツリーのオーナメントにも。モールをつけてかざってね。

折り紙作り方 88 ～ 92 ページ

切り紙かた紙 111 ページ

パクパクくま

パクパクパンダ

切り紙もみの木

プレゼントボックス

立体ツリー

星

パクパクトナカイ

パクパクサンタ

折り紙トナカイ

折り紙サンタ

雪のけっしょう2

雪のけっしょう1

雪のけっしょう3

雪のけっしょう4

雪のけっしょう5

✂ 雪のけっしょう

きれいな六角形をした雪のけっしょう。たくさん作ってかざれば、
おへやがすてきな雪のせかいに！

作り方 93ページ　かた紙 110ページ

✂ 年賀じょう

お友だちへの新年のあいさつには、手作りの切り絵を
つけたとくべつな年賀じょうをおくろう!

かた紙 111ページ

まつ

うめ

門まつ

かがみもち

だるま

はがきを出すときは
しっかりはって出してね

つりざおで
つるよ！

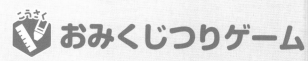
こうさく
おみくじつりゲーム

ししまいやだるまなどの紙コップの内がわに
おみくじがついているよ。大吉はどれかな？

作り方　94、95ページ

つれた！

きものの
女の子

だるま

ふじ山

ししまい

やっこだこ

まねきねこ

パクパク サンタ

ざいりょう
紙コップ（3つ）、折り紙（15 × 15 センチ）、デコレーションボール、丸シール、モール

用いするもの
セロハンテープ、はさみ、のり、りょうめんテープまたはせっちゃくざい

〔 サンタ 〕

①

紙コップを
2つならべて、
テープで内がわを
つなげる。

②
つなげたところに
外がわからも
テープをはる。

③

上のコップに
折り紙を
ちぎってはり、
顔を作る。

④

〈ひらいたところ〉
もうひとつの紙コップに
折り紙をはり、少し切りこみを
入れてひらき、えりを作る。

⑤
うらがえす
❹に❸を
かさねて、
テープでとめる。

⑥
〈ととのえたところ〉
うらがえす
頭のところにのりをぬり、
折り紙をまきつけて、
はしをテープでとめる。
くしゃっとたばね、
ぼうしの形にととのえる。

⑦
ぼうしの先にデコレーションボールを
つける。折り紙をくしゃくしゃにしてから
ちぎってひげとまゆ毛を作ってはる。
丸シールの目や、ベルトのパーツ
（かた紙 110 ページ）などをはってかざる。

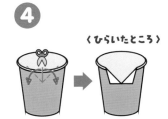
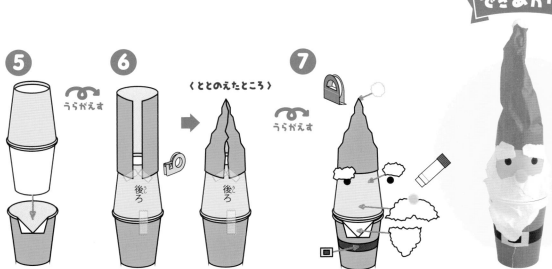

できあがり

色つきやがらつきの
紙コップなどいろいろ
つかって作ってね。
丸シールの目や
それぞれのパーツ（かた紙 110 ページ）をつけてかざろう。

あそび方

パクパク

体のところをもって、
上下にふるとパクパクするよ。

LED のランプを中に入れたら、ランプシェードに早がわり！クリスマスの夜にピッタリだね。

立体ツリー

ざいりょう
折り紙1まい（15 × 15 センチ）
折り紙小1まい（7.5 × 7.5 センチ）

用いるもの
はさみ、あなあけパンチ

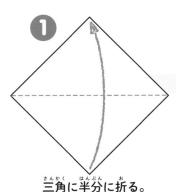

❶ 三角に半分に折る。

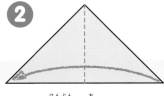

❷ 半分に折る。

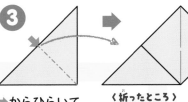

❸ →からひらいて
つぶすように折る。

〈折ったところ〉

❹ うらがわも❸と
同じようにひらいて
つぶすように折る。

うらがえす

❺ まん中に
合わせて折る。

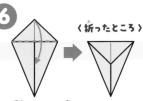

❻ 点せんで折る。

〈折ったところ〉

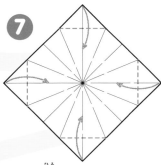

❼ ぜんぶ広げて、
うらの白いめんを上にして、
図のように折る。

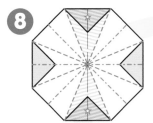

❽ ☆のところ以外を山折り、谷折りを
交互に折ってたたむ。

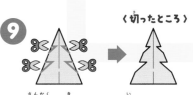

❾ 三角に切りこみを入れる。

〈切ったところ〉

できあがり

くみ合わせると
立体ツリーの
できあがり

あなあけパンチで
ぬいた丸を❾にはり、
広げて立たせる

みきは
折り紙小で
同じように
❶〜❽を折り、
広げて立たせる

 **星**

＊まずは、15 × 15 センチの折り紙で折ってみよう

ざいりょう
折り紙1まい
（4 × 4 センチ）

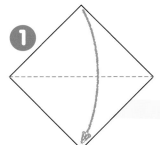

① 下にむけて三角に半分に折る。

② 半分に折る。

③ さらに半分に折って、折りすじをつける。

④ 手前の紙の折りすじ（★）とふち（★）が合わさるように折る。

⑤ もう1まいも点せんで後ろに折る。

⑥ ②の形までひらく。

⑦ 手前の1まいを折りすじでだん折りする。

⑧ 後ろも折りすじでだん折りする。〈折ったところ〉

⑨ 右の角を☆の角に合わせて折る。

⑩ ⑨で折ったところをななめに折る。

⑪ 左の角を☆の角に合わせて折る。

できあがり

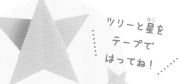

ツリーと星をテープではってね！

⑫ ⑪で折ったところを、⑩と同じくらいの角度になるようにななめに折る。〈折ったところ〉

⑬ うらがえして、前から見てななめに折ったところの形をととのえる。

ツリーの星は4 × 4 センチの折り紙で折ったよ

サンタ

ざいりょう
折り紙1まい（15 × 15 センチ）、丸シール
用いるもの
ペン、色えんぴつ

①
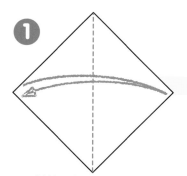
半分に折り、
折りすじをつける。

②
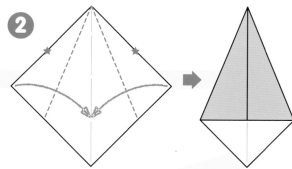
★のはしをまん中の折りすじに
合わせて折る。

〈折ったところ〉

③
うらがえす
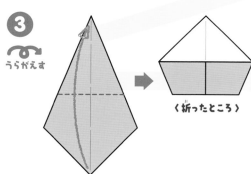
うらがえして、半分に折る。

〈折ったところ〉

④
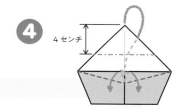
4 センチ

手前の1まいを上から4センチで
後ろがわに折りこみ、まん中を
図のように少しななめに折る。

⑤
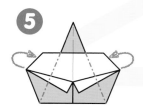
点せんにそって、
後ろに折る。

⑥

折ったところを少し
広げると立つ。

できあがり

顔をペンなどでかいて、はな、ぼう
し、服のボタンに丸シールをつける

1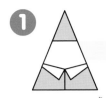

サンタの**6**まで折る。

2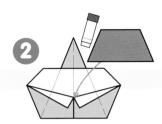

顔の大きさに合わせて、
茶色の折り紙をはる。

3

顔のパーツ
(かた紙 111 ページ)をつけたり
かいたりし、ふくとぼうし、
はなに丸シールをはる。

できあがり

コラム2 — 知っておくとべんりな折り紙スキル

細かくちぎる

紙ざらや紙コップには、折り紙
1まいのままでははりにくいの
で、ちぎってはるのがおすすめ!

一度くしゃくしゃにしてのばす

くしゃくしゃにすることで、
きれいな折り紙とはちがい、
ひょうじょうがかわって
おもしろいよ。

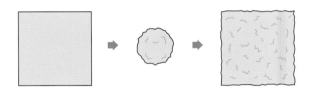

くしゃくしゃにしてちぎる

くしゃくしゃ折り紙を
少しずつちぎって、
まゆ毛やひげにすると
本ものっぽくなるね。

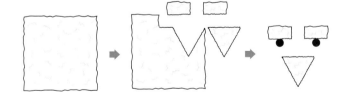

小さく丸める

くしゃくしゃにした折り紙を
小さく丸めるだけで、
フルーツのように見えるよ!

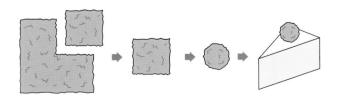

プレゼント ボックス

> **ざいりょう**
> 折り紙1まい（15 × 15 センチ）
> 折り紙小1まい（7.5 × 7.5 センチ）
> **用いするもの**
> のり

①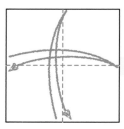

たてよこ半分に
折りすじをつける。

②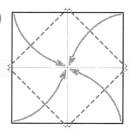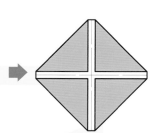

①でつけた折りすじから
少しずつあけて4つの角を折る。

〈折ったところ〉

③ うらがえす

うらがえして、半分に折り、
折りすじをつける。

〈折ったところ〉

④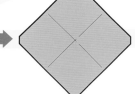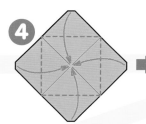

図のように折る。

〈折ったところ〉

⑤

折り紙小で30ページの
リボンを折る。

⑥  うらがえす

④をうらがえし、
リボンをのりでつける。

できあがり

いろんな色や大きさで
折ってね

✂ 雪のけっしょう
【12折り】

ざいりょう
折り紙1まい（15 × 15 センチ）
用いするもの
えんぴつ、はさみ

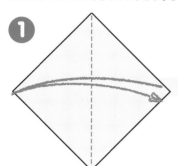

① 半分に折り、折りすじをつける。

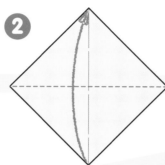

② 三角に折る。

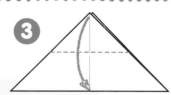

③ 手前の1まいを半分に折る。

④ 半分に折る。

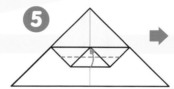

⑤ さら半分に折る。 ➡ 〈折ったところ〉

雪のけっしょう1のかた紙

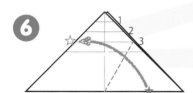

⑥ ③の形までもどし、★のふちが☆の折りすじの左はしに合うように折る。

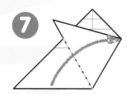

⑦ 左がわをかさねて折る。

【12折り】

⑧ 半分に折る。

⑨ かた紙に合わせてえんぴつでせんを書いて切る。

できあがり

ていねいにひらくともようが出てくるよ

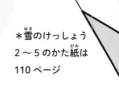

＊雪のけっしょう
2〜5のかた紙は
110ページ

93

おみくじ つりゲーム

ざいりょう
紙コップ、画用紙、折り紙（15 × 15 センチ）、顔などのパーツ（かた紙 111 ページ）、モール、アルミホイル、たこ糸（30 〜 50 センチ）、わりばし、ふせん

用いするもの
のり、ペン、はさみ、セロハンテープ、マスキングテープ、目うち

まねきねこ

①

顔などのパーツ（かた紙 111 ページ）をつけたり、かいたりしてまねきねこを作る。

②

目うちでそこの中心にあなをあけ、2 つに折ったモールを通して内がわでとめる。

できあがり

やっこだこ・ふじ山・だるま・ししまい・きものの女の子

ほかの作ひんは、紙コップに折り紙をちぎってはる。
パーツ（かた紙 111 ページ）をつけたり、かいたりすれば、いろんなものが作れるよ。

できあがり

かざっておいてもいいね！
すてきに作ってね

①

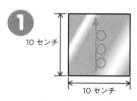

10 センチ

10 センチ

アルミホイルを
くるくる丸めてぼうにする。

②

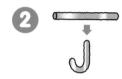

Jの形にする。

③

たこ糸の先を玉むすびして
むすび目の上をテープでとめる。

④

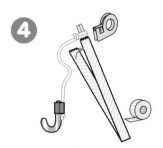

わりばしの先にしっかりむすび、
その上をテープでとめる。
マスキングテープでかざる。

できあがり

あそび方

大吉

紙コップの中にはれる
サイズのふせんに、
「大吉」や「小吉」などの
うんせいをかこう。

おだいをかえて「うたう」や
「へんがお」などをまぜると
もり上がる。
ふせんをはりかえられるので、
くりかえしあそべるね。

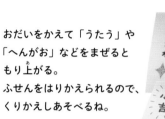

ものまね

へんがお

ラッキーデー

小吉

中吉

ツリー・星　　サンタ　　プレゼントボックス　雪のけっしょう

   　をつかって

折りたためるツリー

ざいりょう

もぞう紙、折り紙、折り紙小、クリア
ファイル、ひも

用いするもの

はさみ、セロハンテープ、
りょうめんテープ、マスキングテープ

立体ツリー

もぞう紙などの大きな紙を
正方形に切って、
88ページのツリーを作る。
折るにはかたいけれど、
しっかりした紙で作ると、
じょうぶにできるよ。

かざりをはずせば
折りたためるから、
まい年かざれて、
しまいやすいよ。

星

89ページの
星を折る。

サンタ・トナカイ・プレゼントボックス

折り紙で
90、91ページのサンタ、
トナカイ、92ページの
プレゼントを折る。

雪のけっしょう

折り紙小で93ページの
雪のけっしょうにチャレンジ！
広げたらクリアファイルに
はさんで、まわりを丸く
切りぬき、ふちをマス
キングテープでかざる。

ひもを
つけてね。

立体ツリーのてっぺんに星をはり、
サンタ、トナカイ、
プレゼントボックスをはる。
雪のけっしょうをかざり、
丸く切った折り紙をかざろう。

牛にゅうパックケーキ・四角ケーキ（22 ページ）

 はっぱ

 ポップアップカード（24、25 ページ）

〈 汽車 〉

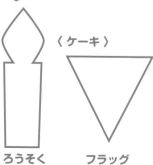

〈 ケーキ 〉

ろうそく　　フラッグ

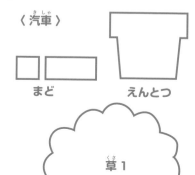

まど　　　　えんとつ

雲

草1　　　　　草2

 切り紙ガーランド（18 ページ）

＊折り方、うつし方は 10、11 ページを見てね。
＊ざいりょう：折り紙

クローバー　ハート　星　ダイヤ

ハート
【15 × 15 センチ・8 つ折り】

クローバー
【15 × 15 センチ・8 つ折り】

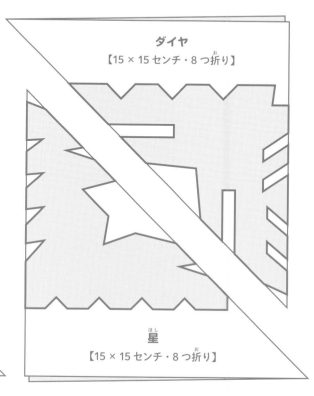

ダイヤ
【15 × 15 センチ・8 つ折り】

星
【15 × 15 センチ・8 つ折り】

フラッグガーランド (18ページ)

❶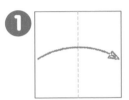

7.5×7.5センチの
折り紙を半分に折る。

❷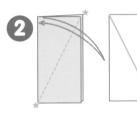

ななめに折りすじをつけて、
はさみで切る。

❸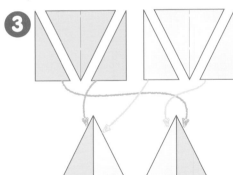

ちがう色で同じように切り、
切った方をくみ合わせる。

❹

うらにたこ糸をテープではる。

いろんな色でくみ合わせてみてね。
パステルの色みでくみ合わせたり、
もようの入った折り紙をつかってもいいね。

アニマルふうとう (27ページ)

うさぎ

耳×2

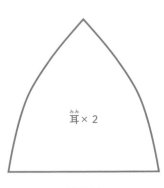

きつね

耳×2

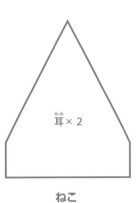

ねこ

耳×2

ほお×2

目×2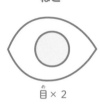

あひる

口

はな

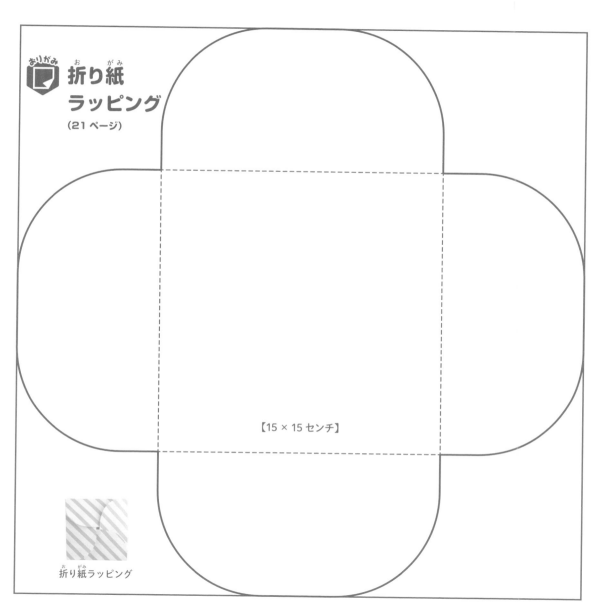

折り紙
ラッピング
（21 ページ）

【15 × 15 センチ】

折り紙ラッピング

❶

❷

❸

❹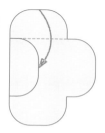
〈さしこんでいるところ〉

15 × 15 センチの折り紙をかた紙にそって切る。
❶〜❸のじゅんに折り、
❹で⇧のところから広げて中にさしこんで折る。

工作 春色ブーケ
（38ページ）

バラ

【15 × 15 センチ】

おりがみ おひなさま
（42ページ）

しゃく

おうぎ

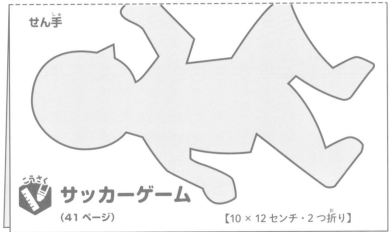

せん手

工作 サッカーゲーム
（41ページ）

【10 × 12 センチ・2つ折り】

こいのぼりかざり （36 ページ）

*折り方、うつし方は 10、11 ページを見てね。
*ざいりょう：折り紙

タワー1　タワー2　雲　木　風せん

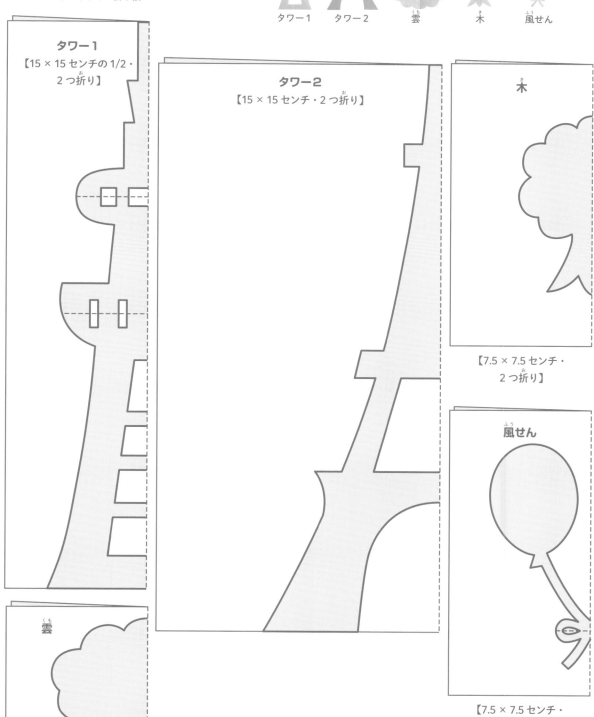

タワー1
【15 × 15 センチの 1/2・
2 つ折り】

タワー2
【15 × 15 センチ・2 つ折り】

木
【7.5 × 7.5 センチ・
2 つ折り】

風せん
【7.5 × 7.5 センチ・
2 つ折り】

雲
【7.5 × 7.5 センチの 1/2・2 つ折り】

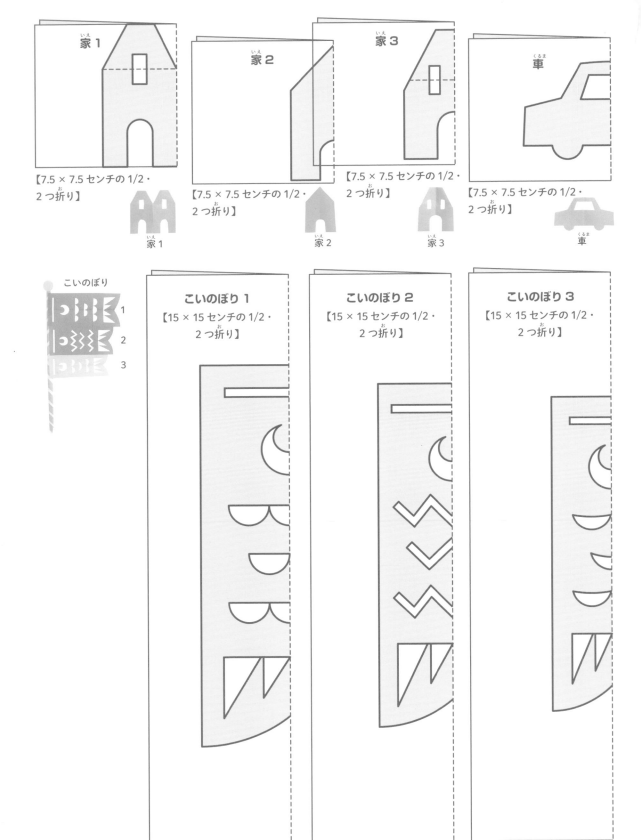

家1
【7.5 × 7.5 センチの 1/2・2つ折り】

家1

家2
【7.5 × 7.5 センチの 1/2・2つ折り】

家2

家3
【7.5 × 7.5 センチの 1/2・2つ折り】

家3

車
【7.5 × 7.5 センチの 1/2・2つ折り】

車

こいのぼり
1
2
3

こいのぼり 1
【15 × 15 センチの 1/2・2つ折り】

こいのぼり 2
【15 × 15 センチの 1/2・2つ折り】

こいのぼり 3
【15 × 15 センチの 1/2・2つ折り】

こいのぼり 1 〜 3 をストローにはって、一番上に丸シールをつけよう

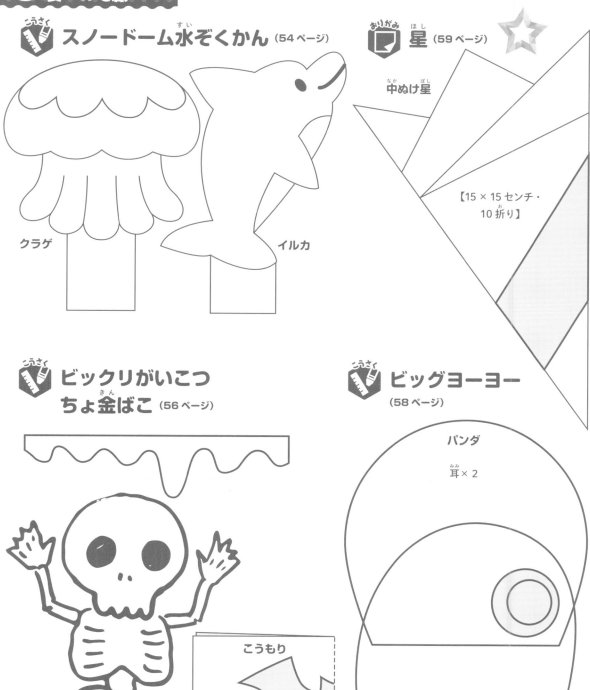

夏のかた紙

スノードーム水ぞくかん（54ページ）

クラゲ　イルカ

星（59ページ）

中ぬけ星

【15×15センチ・10折り】

ビックリがいこつ ちょ金ばこ（56ページ）

こうもり

【7.5×7.5センチの1/2・2つ折り】

ビッグヨーヨー（58ページ）

パンダ

耳×2

目×2

七夕
かざり1　　七夕
かざり2　　七夕
かざり3

七夕かざり1【15 × 15 センチ・じゃばら折り(10 ページ)】

切ったら広げて、そっとのばしてね。↑

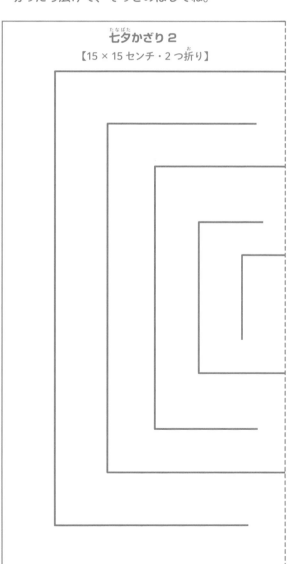

七夕かざり2
【15 × 15 センチ・2つ折り】

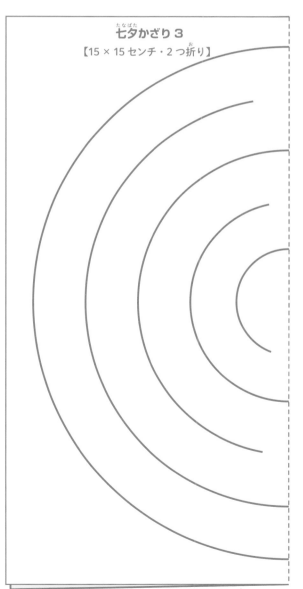

七夕かざり3
【15 × 15 センチ・2つ折り】

↑切ったら広げて、中心からつながっているところを谷折りする。りょうめん折り紙がおすすめ。↑

フォトプロップス （72 ページ）

かぼちゃの歯
【 15 × 15 センチの 1/4・2 つ折り 】

がいこつ

歯

かぼちゃ

はな

かぼちゃのはっぱ
【 7.5 × 7.5 センチ・
2 つ折り 】

耳 × 2

くろねこ

ほお × 2

ひげ × 2

はなまわり

はな

ハロウィンカチューシャ （73 ページ）

こうもり

ジャックオーランタン

口

目 × 2

羽 × 2

かぼちゃのはっぱ
【 7.5 × 7.5 センチ・
2 つ折り 】

口

まゆ毛 × 2

ハロウィンかざり

＊折り方、うつし方は 10、11 ページを見てね。
＊ざいりょう：折り紙

ジャックオー　　ジャックオー　　おばけ
ランタン 1　　ランタン 2

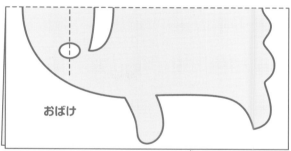

おばけ

【 7.5 × 7.5 センチ・2 つ折り 】

ジャックオーランタン 1
【 15 × 15 センチ・2 つ折り 】

ジャックオーランタン 2
【 15 × 15 センチ・2 つ折り 】

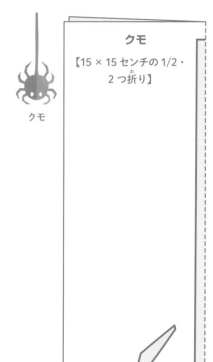

クモ
【15 × 15 センチの 1/2・
2 つ折り】

クモ

おしろ

おしろ
【15 × 15 センチ・2 つ折り】

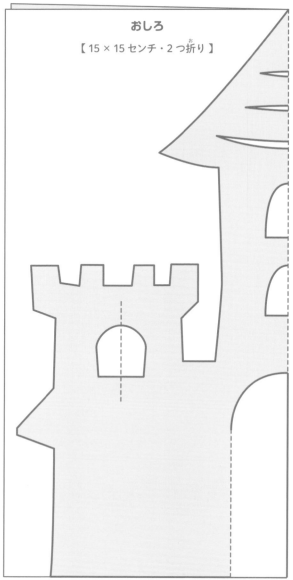

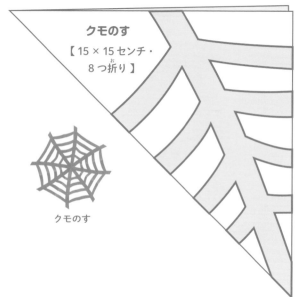

クモのす
【15 × 15 センチ・
8 つ折り】

クモのす

 ハロウィンかざり
（74、75 ページ）

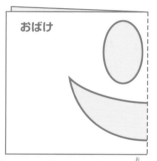

おばけ

【7.5 × 7.5 センチの 1/2・2 つ折り】

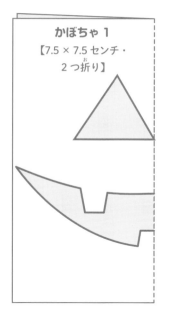

かぼちゃ1
【7.5 × 7.5 センチ・
2つ折り】

かぼちゃ2
【7.5 × 7.5 センチ・
2つ折り】

こうさく フィンガーパペット (76 ページ)

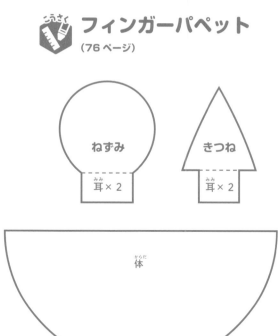

ねずみ

耳×2

きつね

耳×2

体

こうさく ふうとうパペット (77 ページ)

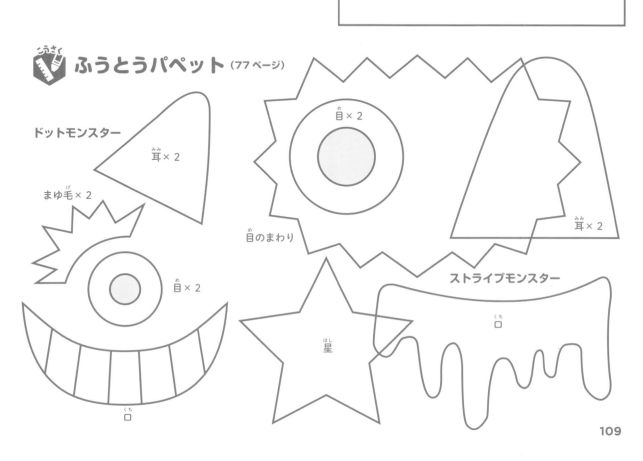

ドットモンスター

耳×2

まゆ毛×2

目×2

目のまわり

目×2

口

星

ストライプモンスター

口

こうさく パクパクサンタ （86、87ページ）

パクパクサンタ
【3×4センチ・2つ折り】

**パクパク
トナカイ**

角×2

耳×2

耳×2

手×2
くま、パンダ
共通

耳×2

パクパクパンダ

パクパクくま

口まわり上

口まわり下

目×2

✂ 雪のけっしょう
（93ページ）

雪のけっしょう2　雪のけっしょう3　雪のけっしょう4　雪のけっしょう5

雪のけっしょう3
【15×15センチ・12折り】

雪のけっしょう5
【15×15センチ・12折り】

雪のけっしょう2
【15×15センチ・12折り】

雪のけっしょう4
【15×15センチ・12折り】

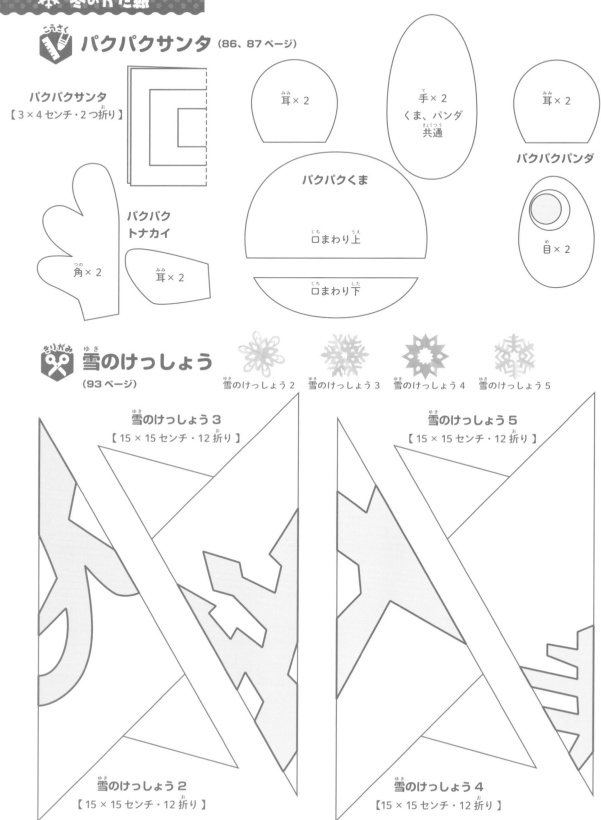

折り紙トナカイ (91 ページ)

トナカイ

角×2 耳×2

クリスマスかざり (82 ページ)

＊ざいりょう：折り紙

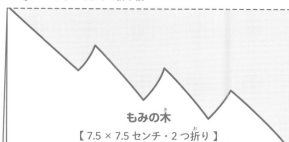

もみの木
【7.5 × 7.5 センチ・2 つ折り】

年賀じょう (84 ページ)

＊折り方、うつし方は
10、11 ページを見てね。
＊ざいりょう：折り紙

まつ　　うめ　　かがみもち　　だるま　　門まつ

まつ
【7.5 × 7.5 センチの
1/2・2 つ折り】

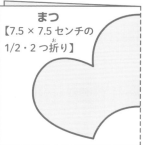

うめ
【7.5 × 7.5 センチの
1/2・2 つ折り】

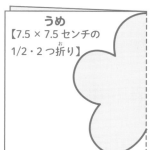

かがみもち

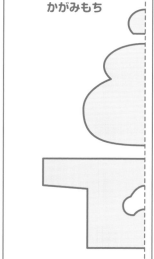

【7.5 × 7.5 センチ・2 つ折り】

だるま

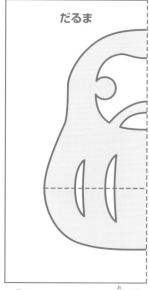

【7.5 × 7.5 センチ・2 つ折り】

門まつ

【7.5 × 7.5 センチ・2 つ折り】

おみくじつりゲーム (94 ページ)

やっこだこ

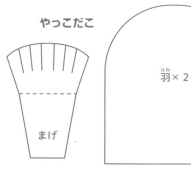

羽×2

まげ

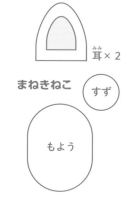

耳×2

まねきねこ

すず

もよう

ししまい

耳×2

いしかわ☆まりこ

造形作家。
おもちゃメーカーにて開発・デザインを担当後、映像製作会社で幼児
向けのビデオ制作やNHK「つくってあそぼう」の造形に携わる。現在
は、Eテレ「ノージーのひらめき工房」の工作の造形監修（アイデア・
制作）を務めるほか、親子・先生向けのワークショップなどを開催中。
子ども心を大切にした造形作品を発表している。

Staff

デザイン ◆ 宮代佑子（株式会社フレーズ）

撮影 ◆ 中川真理子

イラスト ◆ もぐらぽけっと

校閲 ◆ 校正舎楷の木

編集 ◆ 吉塚さおり

企画・進行 ◆ 鏑木香緒里

【 読者の皆様へ 】
本書の内容に関するお問い合わせは、
お手紙または
FAX（03-5360-8047）
メール（info@TG-NET.co.jp）
にて承ります。
恐縮ですが、電話でのお問い合わせは
ご遠慮ください。
『折り紙も工作も！ 作るのが楽しくなる
クラフトBOOK』編集部

＊本書に掲載している作品の複製・販売
はご遠慮ください。

折り紙も
工作も！
作るのが楽しくなる
クラフトBOOK

2020年3月1日 初版第1刷発行

著　者 ● いしかわ☆まりこ
発行者 ● 廣瀬和二
発行所 ● 株式会社日東書院本社
　〒160-0022 東京都新宿区新宿2丁目15番14号 辰巳ビル
TEL ● 03-5360-7522（代表）　FAX ● 03-5360-8951（販売部）
振替 ● 00180-0-705733　URL ● http://www.TG-NET.co.jp

印刷 ● 三共グラフィック株式会社
製本 ● 株式会社セイコーバインダリー